孤独症谱系障碍和学习障碍青少年职业技能发展指导手册

原著 ［美］迈克尔 P·麦克曼蒙（Michael P.McManmon）

　　　 ［美］詹妮弗·考拉立克（Jenifer Kolarik）

　　　 ［美］米歇尔·拉姆塞（Michele Ramsay）

主译 贾美香　彭旦媛

辽宁科学技术出版社
LIAONING SCIENCE AND TECHNOLOGY PUBLISHING HOUSE

拂石医典
FU SHI MEDBOOK

图书在版编目（CIP）数据

孤独症谱系障碍和学习障碍青少年职业技能发展指导手册 / (美)迈克尔·P·麦克曼蒙, (美)詹妮弗·考拉立克, (美)米歇尔·拉姆塞原著；贾美香, 彭旦媛主译
—— 沈阳：辽宁科学技术出版社, 2021.7
ISBN 978-7-5591-2106-6

Ⅰ.①孤… Ⅱ.①迈… ②詹… ③米… ④贾… ⑤彭… Ⅲ.①孤独症 – 青少年教育 – 职业教育 – 手册 Ⅳ.①G766-62
中国版本图书馆CIP数据核字(2021)第118639号

著作权登记号：06-2020-156 版权所有　侵权必究

出版发行：辽宁科学技术出版社
　　　　　北京拂石医典图书有限公司
地　　址：北京海淀区车公庄西路华通大厦 B 座 15 层
联系电话：010-57252361/024-23284376
E － mail：fushimedbook@163.com
印 刷 者：青岛名扬数码印刷有限责任公司
经 销 者：各地新华书店

幅面尺寸：185mm×260mm
字　　数：154 千字　　　　　　　　　印　　张：10.5
出版时间：2021 年 7 月第 1 版　　　　印刷时间：2021 年 7 月第 1 次印刷

责任编辑：李俊卿　　　　　　　　　　责任校对：梁晓洁
封面设计：咏　潇　　　　　　　　　　封面制作：咏　潇
版式设计：咏　潇　　　　　　　　　　责任印制：丁　艾

如有质量问题，请速与印务部联系　联系电话：010-57262361

定　　价：85.00 元

序

我有幸为几本书写过前言。然而，鉴于我为孤独症患者所做的工作，从来没有哪一本书像这本书这样能让我在其价值和重要性方面这么有发言权。如果说变老有什么好处的话，那就是我们的视野一年比一年开阔了。让我们更有能力在自己熟悉的领域寻找最佳的做事方式、重要的目标以及帮助我们实现这些目标的最佳方法。我们不再需要猜测一个项目或策略是否有效，我们已经可以识别出哪些有用了。作为一名专业人士，同时也是一位认识本书主要作者迈克尔·麦克曼蒙医生很多年的人，我相信在孤独症和其他学习障碍青少年们从接受教育到"走出去"就业的路上，这本书必将成为他们以及帮助他们的爱心人士无与伦比的重要资源。

在我的职业生涯之初，我是4个孤独症学生的老师。我的桌上有一个座右铭："他们不是我的孩子，未来我不可能一直和他们在一起。"当时我并不知道自己会和他们在一起那么长时间，完全超出了我的预期。我为他们连续工作了15年。当然，之后又有很多其他学生加入进来。那个座右铭一直在我的桌上，持续提醒我，教学工作要为我不能在他们身边的那一天做准备。

我当了老师几年后，职位有所改变。我成为了顾问，帮助那些直接服务于我的学生的人：家长、专门从业人员，以及（我们项目的一组新成员）我们社区的业主和雇员。联邦政府的资助使我们能够为我们的学生提供就业场所和职业体验。我们过去的哪些教育是有用的，哪些纯属浪费时间，现在已经很明了了。有些概念和技能被我们忽视了，需要立刻教给他们。我们根据从社区和工作中学到的知识和经验修改了我们的课程。

我们的大多数学生从项目毕业后就可以直接就业。直到今天，我偶尔还会遇到他们，通常是在他们工作多年的地方——有时是在他们的新工作地点。教学的第一年，我确实有一种感觉，那就是未来离我们比想象的更近。然而，我没有预料到的是，未来我们还可以走多远，以及我们可以取得多大的成就。我目睹了"昨天"的决定竟然在今天得以"实现"了。随着一扇门的开启，几十年后另一扇门也打开了。

20世纪90年代初，我的学生、我们的教育团队和社区职业培训中心的工作人员不得不在没有指南的情况下在学校和工作地之间穿梭。通过几十年的努力，这本指南让培训目标更加明确，不再浪费时间，并且知道需要为未来的工作做哪些准备，专注于自己的工作。这是一条由完全能胜任这项工作的人所创造的富有洞察力和智慧的道路（指南）。

我认识第一作者迈克尔·麦克曼蒙博士很多年了，已记不清我们最早是在哪里遇见的。很可能是在一次会议或研讨会上。多年以来，我了解到迈克尔是一位受人尊敬的专家，也是一位值得在人生旅途中保持联系的珍贵朋友。迈克尔在53岁时被确诊患有阿斯伯格综合征。他有与孤独症人士一起成长的第一手资料,加上他的教育背景和专业经验,为我们的领域带来了一系列令人印象深刻的贡献。

无论何时何地有机会与迈克尔联络时,我们总能进行令人舒适的对话,并常讨论我们人生下一阶段的愿景,并有足够的空间来回顾、反思、再充电。这些是迈克尔在"前言"中没有提及的,但是他的愿景贯穿全书都有清晰的体现。迈克尔天赋出众,他轻松、耐心地帮助他人明确自己的未来之路。迈克尔·麦克曼蒙及其联合作者完全有资格引领你走向未来之路。

不论你出于什么原因阅读这本书,我都能以多年的试验、试错和经验告诉你,你做出了一个明智的决定。当我阅读本书中探讨的各种技能,回顾其中的案例,并参考实践操作时,我被它们背后的思考、洞见、组织以及专业知识所打动。我非常赞赏这本手册的价值及其帮助你成功的潜力。

如果你是家长或专业从业人员,正帮助这些青年人完成从学校走向工作岗位的过渡,那么这本书可以给你提供丰富的背景知识和着手实践的想法。如果你就是那个正在独立完成这个转变(或有一个工作指导或家长在帮助你则更好)的青年人,这本书同样有效。选择这本手册,你就迈出了走向美满未来的第一步……并且这一步走得十分成功。我与迈克尔及其联合作者在此共同祝愿你未来一切顺利。翻开下一页,你的未来就此开启。

卡罗尔·格雷

前言

你可能不想承认，你真正的障碍可能是你看待自己的方式。否则你怎样解释天生没有腿的人怎么能参加奥林匹克竞赛，或听障患者写出音乐作品，或者我在53岁被诊断为阿斯伯格综合征后在全美创立了针对学习障碍和孤独症谱系障碍青年的五个项目？

我们自己的态度拖累了自己。一半的努力仅在于学会自我改变；另一半则是听取建议并愿意改变。看起来很简单并且的确很简单。问题在于我们的认知顽固性：我们想要一直做同样的事，尽管内心深处我们知道如果不做出改变，我们将寸步难行。

这本手册是专门为学习障碍和孤独症谱系障碍青少年所设计的。它将帮助你调整思路，找到一份你喜欢且适合的职业，并且发展你的实践技能。这本书包含了我过去45年与学习障碍的学生一起工作的经验。在那段时间里，我开办了集体之家和项目，包括大学实习项目，一个旨在帮助患有孤独症谱系及学习障碍青年寻找工作机会，获得大学学位，以及独立生活的综合训练项目。我们的所有学生都找到了工作——包括政府机构、医院、历史学会、园林、市场、图书馆、儿童中心、海岸警卫队、技术机构，以及其他部门——并且录取他们的大学从加州大学到佛罗里达理工学院都有。

在与患有孤独症谱系障碍学生一起工作期间，我获得了咨询硕士、人类发展学硕士和特殊教育学博士，并且成为执业心理治疗师——但我的起点并不是那么理想。我的家庭中有7个兄弟姐妹，其中好几个都有学习障碍。我母亲在我高中时帮我获得了第一份暑期工作，在教堂做景观美化和绘画的工作。我是一个害羞、不自信的男孩，很负责任但却没有任何工作经验。我经历过的困难与许多我的学生一样。当时我并不知道我想要做什么工作，但我对园林和艺术方面有特别的兴趣，于是我母亲帮我选择了这方面的工作。

我没有确诊，对社交一无所知，但年长一些的成年人有兴趣时我可以和他们交谈，获得许多真实世界的知识。由于我工作努力且收费不高，许多邻居雇佣我美化房屋景观。我非常严谨，很享受自己的工作，花了很多时间来完成工作，并且我在排布植物让苗圃夺目方面很有艺术天赋（我过去的五年中拥有一个有机农场不是偶然的）。

我设计项目和这本手册时参考了自己的这些经历。我们的基本理念是学生需要通过实践和体验来学习。一开始我是兼容并蓄的思想，使用任何有效的方法，知道必须是在课堂内外都有效。如今，我们参加社区服务、实习和实践与上课做学术的内容一样多。至于大学实习项目，我们这本手册的重点是让你成为自我改变者。我们只是为你们——学生们——建立学习机会的促进者。就像你的父母一样，我们帮着教会你，然后把你放回野外！

这本书结构完善，使用便捷。首先，我们让你构建起对自己的重要认识——你是谁，你需要什么才能在工作中茁壮成长——并帮助你找到最适合的雇主。然后我们向你介绍雇主需要哪些技能以及怎样获得这些技能。最后，我们帮助你建立自己的职业档案、简历和求职信，以及训练面试技巧。

像生活中的所有事一样，开头总是最难的，任何经验（即便是负面经验）只要是能帮助你更加了解应该如何在工作环境中表现的，都将给你提供无价的知识和体会来帮助你开启职业生涯。你一开始工作时，可能需要从低微的工作开始，逐渐向上找到理想的工作。即使到你感兴趣的公司或企业做志愿者也能让你迈出第一步，当你身处这样的环境中，你可以通过观察公司或企业的运作过程而学到很多。永远记得："所有的工作都是有尊严的"，不论是倒垃圾还是公司主席。只要开始就是进步并能建立起事业。

迈克尔·P·麦克曼蒙，教育学博士

目录

第三部分：就业工具包

为什么要就业？

所有的工作都是有尊严的

找工作不只是为了得到薪水（考虑收入固然重要，而且也是最终目标），就业的理由还包括福利、智力刺激、社交、职业发展、发展技能、对社会的贡献，以及最重要的——**培养自尊**。

就业的理性原因

收入

发展技能

社交

贡献

智力刺激

福利

职业发展

自尊

- 收入：尽管开始工作的时候可能是志愿工作或没有工资的实习，但长期目标还是挣到生活费。这意味着你将可以自给自足地支付房租和水电费，购买食物、居家用品，以及其他物品和服务，另外可以时不常给自己一点奖励。财务上的独立可以获得真正的自由。你会有自己的钱，如果精心打算，可以按照自己想要的生活方式支配这些钱。

- 福利：我们通常不会想到被雇佣后随之而来的额外的保险和退休福利。对大多数人来说，如果你失业了，生病或需要看牙医，或者你或你的配偶想要一个孩子，就很容易入不敷出——除非你有健康保险。保险本身也可能很贵，但如果你有工作，你的雇主每月从你的工资中扣除一小部分，然后保险可以覆盖你所有的医疗费用。如果你受伤或生病了，你的雇主可能仍然会付给你工资直到你回来工作。最后，很多雇主都会帮你建立一个退休基金，这样当你老了不能工作时，你就会有一笔钱来生活。

- 智力刺激：不管有什么其他的享受，待在家里是很无聊的。作为人类，我们渴望学习和智力刺激，当我们得不到这些时，会感觉到沮丧和不满足。但当我们开始找工作，学习新技能，并和新的朋友交往，我们脑内的神经元就会像放烟花一样。学习任何新技能都能感到深刻、满足的快乐和愉悦，而且随着你在职业生涯中不断努力，你的认知能力和眼界会持续扩展。

- 社交：就像我们需要智力刺激一样，人类也是需要社会交往的社会动物。但走出去和新的朋友交往有时候会很难。就像锻炼一样，社交也是我们有时需要逼自己去做的事，而且当我们完成时感觉非常好。有一份工作会让我们在一个可控的、舒适的场景下和他人互动。与此同时，你也会在每天的工作中锻炼自己的社交技能。

- 职业发展：尽管一开始做一份收入低或没有收入的职业并不是你想要的，但你得牢记一点，一份工作可以导向下一份工作。如果你努力工作，就会有进步。随着工作开展，尽管收入较低，但你可以获得经验、能力和人脉储备，这些都能让你在未来获得收入更高的职位。

- 发展技能：你永远无法知道你在工作中会学到什么样的技能，而且不论你处在什么职位，都能学到新的东西，不管是怎样与同事交流，遵循指令，布置房间，承担责任，还是用自己的双手制造东西。随着你晋升到更好的职位，你会掌握更多技能。

- 对社会做出贡献：我们所生活的世界依赖于每个人做好自己的工作，社会才能运转。你工作使用的互联网或电脑是由在公立大学进行研究的工程师开发的。你所居住的房子和工作的大楼是由在职业学校接受过教育的建筑工人建造的。那些因为残疾或在家照顾孩子而无法谋生的人依靠政府和志愿服务来获得帮助。当你加入工作大军，你就加入了这个让社区得以繁荣、让社会得以运转的庞大的机器。此外，你的部分收入将用于支付道路、学校、图书馆和其他我们都依赖的市政工程的税收。

- 建立自尊：在工作中建立起的自信是无价的。工作中解决问题，挣钱养活自己，学习新技能，不断进步走向更好的职位，把自己视为团队的一份子和为团体做出贡献的成员都能以不可估量的方式建立起我们的自尊。

如何使用这本书

这本手册旨在为正在尝试做出最好的职业选择的有学习障碍和孤独症谱系障碍（ASD）的青年提供帮助。本手册将帮助你找到自己特别的兴趣和能力领域，以确定自己想要的职业。本书会教你雇主所期望的 8 种技能；帮助你构建职业档案、简历、求职信和面试技巧，并帮助你为工作生活做好准备。尽管你可以自己独立使用这本书，但是最好的方式还是有一个工作教练：老师，父母，职业协调员，或者其他可以帮助你应对复杂准备工作的顾问。

内容大纲

在本书第一部分我们将引导你发现自己的特殊兴趣和能力领域。第一部分会帮助你发现在自己感兴趣的领域工作需要哪些能力，同时如何对你能从事的工作形成现实的想法。例如你可能对成为体育播报员有很大的兴趣，但是你在公开演讲方面却没有什么能力，因此你必须培养必要的公开演讲技能，或者找一份与自己能力匹配的工作。

第一部分分为三个章节。第一，我们描述了职业生涯：怎样能从志愿者到实习再发展成全职工作。第二，帮助你发掘多种职业选择和提供一些练习帮助你确定自己的技能和兴趣。最后，我们提供多种工作表帮助你根据你的雇主、环境、感受、社交环境、智力以及情绪判断发现哪类工作最适合你。

在第二部分我们描述了 8 项雇主想要的主要技能：交流，团队合作，解决问题，解决问题和批判性思维，主动性和领导力，计划和组织，自我管理，学习的意愿，以及技术熟练度。像我这样的人有时会想，他们在这些领域很精通，因为他们意志坚强而且记忆力好，但事实上他们不知道在现实生活中如何有效运用这些技能。我总是说我可以写一本关于人际关系的好书，但对我来说，试图维持一段关系往往是一场灾难。因此在这部分，我们讲了关于如何建立并提升这些技能的故事以及实用建议。如果你可以学习并掌握他们，那么你就一定会成功。

最后，在第三部分，我们提供了帮助你建立职业档案、简历、求职信和工作申请案例的实用工具：帮助你准备工作面试的练习；以及当你找到了适合的职业时给你提供一些实用建议。

在每个部分，我们都聚焦于现实生活中的、可迁移的、已被证明是有效的技能。我们将这些材料以多种形式呈现给你，以使你尽可能轻松地吸收尽可能多的信息，包括练习、提示和关于 CIP 学生的真实故事，以阐明要点。如果你花时间完成所有的工作表，学习并开始练习我们列出的八项技能，并建立你的职业档案，简历和面试技巧，那么你将会找到一个富有成效和令人满意的职业。

第一部分

发展你的兴趣和能力领域

第一章
职业生涯

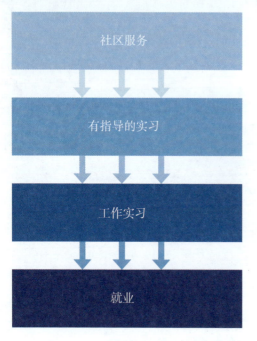

就业路径

我们获得每一项技能都要从一个起点开始，然后慢慢发展。工作和就业一样。我们建立起自己的技能时，我们就有机会向更好的工作和更高的收入迈进。职业生涯的终极目标是让你的热情变成你的收入——通过志愿工作和实习找到你喜欢的事情——但你必须从某处开始，不管是从哪里都可以。

有时候在我们做了社区服务后会学会工作技能并激发出工作的愿望。实习或学徒关系是雇主获得低成本人工的另一种好方法，同时也为学生提供培训和教育。这是一种双赢的方式。你可以在获得可迁移的技能的同时帮助别人或获得大学学分。你所有的经验都会增加你成为一名潜在雇员的知识和价值，同时帮助你发展和验证自己的兴趣。

把你的热情转化成报酬

故事

学习和成长的意愿是我们工作中最重要的态度。那些经历了经济大萧条的人会感谢他们能得到的任何工作。我的父亲最初是芝加哥蒙哥马利沃德百货公司的一名店员，不久之后，我母亲生下了九个孩子中的第一个孩子。父亲从一些低端体力工作开始做，并逐渐升职到订货和导购。十年后他被晋升到纽约国际办公室做男童装部采购员。

有一个说法：如果每个人都等到结婚了，双方都有了好工作，有自己的房子，在银行里有存款才生孩子的话，那么世界人口将为零。没有人觉得他们的生活是完美的，每个人都在努力实现更高的目标。经历过程才是最重要的。任何工作中的任何经验都是值得的。不要小看你现在的经验的价值！我们在任何工作中都能学到很多可迁移的技能——例如，怎样填考勤卡，怎么和同事相处，如何面对客户，或按规章制度办事。

虽然我父亲只有高中学历，但他为自己能够完成的一切感到骄傲，他让他的孩子都上了大学，这样我们才能比他走得更远。

1. 社区服务 / 志愿者

我的座右铭是社区服务让你认识自己。通过给予他人，你能学到很多关于你是谁，你想成为谁的知识。社区服务也是了解你拥有哪些技能和你喜欢的工作领域的好方法，还是获得经验同时帮助他人的一个简单方法。你可以通过学习怎样在食物分发处分发食物或志愿组织一次社区聚餐学会组织技能。不论你是在流浪者庇护所打扫卫生间还是为老年人送食物，都要记住：所有工作都是有尊严的。

社区服务让你认识自己

故事

我们有一个学生，艾普尔，部分失明同时还有其他影响活动能力的生理疾病。她自愿参加中心提供的每一次社区服务机会。她甚至亲自主持了一些活动，包括"饥饿之行"和"感恩节食品募捐"。尽管她有残疾，但她却总是试着帮别人做些什么。她的态度是值得效仿的，这让她成为了她的同龄人中的典范。

后来艾普尔因长了脑动脉瘤而意外去世。她的照片和她写的诗歌被挂在我们马萨诸塞中心的墙上，我们还种了一棵有花的樱桃树，树前有一块匾。人们将永远记住她乐于帮助那些比她还不幸的人的爱心。

我在社区服务中心的时候，我确实完成了几件事情。我参加了为无家可归者的游行。我可以骄傲地说我走了三英里。我还组织了一场为穷人举办的衣物募捐活动。我募集到了很多衣服，这本身就是一种成功。我还常去看望老年人。帮助别人可以获得很多乐趣。"

——艾普尔·贝蒂·法雷尔

2. 有专人指导的实习

有工作教练或顾问指导的实习是在你可能感兴趣的工作领域获得更多具体经验的另一种方法。你也可以花一天或更长的时间观察其他员工的工作情况，看看这种工作是否是你喜欢的，或者是否适合你。

许多工作和研究生项目甚至要求申请者在申请前完成实习。例如，许多兽医学校和法学院要求学生申请前在兽医诊所或律师事务所有实际工作经历或实习经历。之所以有这样的要求是因为许多学生毕业后不想做行业相关工作，因为缺乏对工作实际的体验和理解。学校不希望职位被不想留在这个领域的学生浪费掉。

故事

我记得莎莉第一次接受大学实习项目（College Internship Program, CIP）面试时我们讨论了她的职业目标。她说在她还是孩子时就清楚自己想要做动物方面的工作，而且如果可能的话会去学校学习，有一天她会成为兽医。问她是否还有第二选择时，她马上回答说"没有"。她非常喜欢动物，特别喜欢猫，并且她非常确信和动物相关的职业是她想要的。

莎莉在CIP的第一学期，她接受了

与动物相关的两个实习，一个是在动物园，另一个是动物保护协会。在动物保护协会，莎莉不愿意做与狗相关的工作，只愿意和宠物猫待在一个房间里。在动物园，莎莉的志愿工作只限定在她自己愿意去的范围内，因为她没有意识到来自不同动物的不同气味会对她的感官产生多大的负面影响。后来莎莉发现，实际上，她并不想做兽医工作。

有机会在选择自己感兴趣的职业时——做志愿者工作或实习是确定"自己是否合适"的关键。如果莎莉上大学时选择了兽医专业，她就会花很长时间接受不合适的教育并花费大量经费在一个自己并不适合的领域上。

——米歇尔·拉姆齐，项目总监，CIP布里瓦德

3. 实习工作

许多时候你的技能并不足以胜任你想要的工作，你可能需要长期实习，学习所有必要的小技能，让雇主愿意付给你薪水。先从无薪实习开始，然后，与你的工作教练和雇主一起，确定你需要学习哪些技能才能获得一个有薪职位。工作教练可以与雇主协商延长实习时间，这样实习者就可以在继续这些领域工作，以期在未来某个确定的日期找到工作。

故事

娜塔莉（Natalie）是马萨诸塞中心的二年级学生。第一年她每周花一天时间在社区晚餐服务部做志愿者，并在当地教堂的食品分发处帮忙。在这期间娜塔莉学到了很多有价值的就业前技能，

她通过服务于参加每周晚餐活动的老年人，或来食物分发处领取食物的那些社区里不幸的人，从而获得"客户服务"技能。

娜塔莉告诉她的职业协调员她想在当地药店做收银员，她的职业协调员帮她找到了实习。在她最开始的实习任务中，娜塔莉学习了怎样进行"店铺盘点"并开始负责这项工作。

职业协调员给学生们提供实际的咨询建议。事实是大多数学生很可能必须从底层的工作做起，通过做枯燥的体力劳动来证明自己的能力；而且必须努力工作来证明他们潜在的能力。学生们很快能认识到这样做他们可以获得经验，成为团队的一分子，赢得上级和同事的尊重，这将为未来发展打下坚实的基础。

在娜塔莉这个个例中，她在试用期表现很好。为此，她的职业协调员找到娜塔莉的经理并达成了这项从实习到工作的协议。娜塔莉在店里继续实习了三个月，在此期间她接受了使用收银机的培训。如果一切顺利，到时娜塔莉就会被聘用为收银员。这是一个实习成功的很好案例。娜塔莉给雇主提供了3个月的"免费帮助"，而雇主给了娜塔莉一个追求她梦寐以求的客户服务工作的机会。娜塔莉成功完成了实习到工作协议中要求的额外三个月的工作，最终被聘为有薪酬的雇员。

4. 就业

做一份有薪酬的工作是非常值得的，而且这是终极目标。为了就业，你可能需要从兼职开始做起才能先迈进门，或接受一份你自己不愿意接受的职位。你的第一份工作可能没有你想要的福利和薪水，但如果你做得好，在出现下一次晋升的机会时，它将会为你提供一个有价值的推荐。

故事

许多学生对工资和职场地位的要求很不现实。我问一个叫保罗的学生，他希望工作薪水是多少？他竟然说每年一百万美元（而且当然是工作越少越好）！一只脚先迈进门，从底层干起并且逐渐提升这个概念，对于许多学生来说是陌生的。哪怕是刚拿到大学学位的学生都很难马上找到心仪的工作！因此教会他们"你必须先从哪里开始"并且逐渐提升是至关重要的。

另一个学生，苏珊，她有大学学位，已经在当地图书馆实习超过一年，并且获得了很好的评价。当她开始在图书馆体系中申请工作时，她收到一个又一个的面试邀请，但却没有拿到一个工作机会。经过10个月11次面试后，她最终获得了一份工作——但还只是在图书馆的短期工作，这个图书馆只需要临时帮手而没有长期职位。但她仍然接受了这份工作，因为她知道这会帮助她获取必要的工作经验优势，以为在未来获得长期工作做准备。

一个月内，苏珊收到另一个面试邀请并得到了一份长期工作。之后，她一直在当地图书馆寻找薪水更高的工作。大约一年后，她找到了一份薪水高得多的工作。以苏珊的学历、经验和能力，她现在的定位是在图书馆系统中不断晋升——但需要很大的毅力以及行业内某个能慧眼识才者的"赏识"，才能实现这一切！

——詹妮弗·考拉里克，职业协调员，CIP 布里瓦德

第二章

探索职业选择

在你开始找工作之前，你必须收集整理尽可能多的关于你自己的信息（你的兴趣，你拥有的技能，以及你需要获得的技能），与你的兴趣相关的可能的职业道路，以及遵循这些道路所必需的技能。在这一章你将会学习如何与你的工作教练建立关系，评估并积累你可迁移的技能，并且确定你最大的兴趣点和与技能和兴趣匹配的职业选择。

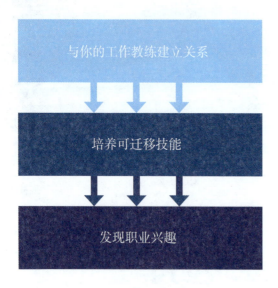

探索职业选择

1. 与你的工作教练建立关系

本书建议的找工作的最好方式就是接受工作教练的帮助。工作教练是找工作过程中的向导，是一个在你的工作中提供支持的人，一个在你和雇主或潜在雇主之间的联络员。他们会帮助你找到志愿者工作、实习机会和／或有薪工作。当你开始工作时，你可以定期和你的工作教练讨论你工作中的努力、成功和一般的工作经验。你的工作教练还会和你的雇主讨论你的进步情况，目标是培养你的工作能力和其他技能，这样最终你

就可以在没有他们帮助的情况下寻找更好的工作并独立工作。

怎样找工作教练

如果你参加了教育性或其他类型的项目，可能会有专门的工作人员在现场担任工作教练。如果没有，和你的指导者或顾问谈一谈哪个人作为教练更合适。如果你没有参加任何项目，考虑一下你信任的人——可能是一位老师、导师或是父母——考虑让他们作为你的工作教练。记住，敞开心扉，乐于寻求帮助，是你求职的重要组成部分。

注意事项

1. 你必须做的第一件事就是与你的工作教练建立融洽的关系，信任并且可合作。这和在与他们工作时你希望学习到的知识一样重要。建立信任和无条件接纳的氛围对于启动这个环节是必要的。在此过程后期，你可能可以敞开胸怀接受有助于你成长的纠正性的批评。

2. 和你的工作教练讨论你的兴趣，包括你目前喜欢的和想要学习的更多的领域。向你的工作教练坦诚告知你的希望、恐惧和能力。

3. 把你的工作教练当作团队的一份子，这个团队包括你的雇主或实习监督人、学校顾问、职业顾问、老师和父母。

4. 向你的工作教练反馈他们怎样做才能让你的实习或工作变得更加积极且学到经验。

5. 仔细听取你的工作教练给你的建设性反馈。记住他们是站在你这边的，而且他们希望你成功。试着根据他们的建议做一些改变，愿意并乐于尝试新

的东西。

6. 要记住寻找一份职业是一个过程。你可能对你的第一份志愿者工作、实习工作甚至是带薪工作都不满意。要学会和你的工作教练一起工作，在职业生涯中不断前进。

7. 最后，记住终极目标是最终可以不需要工作教练的帮助独立工作。和工作教练一起工作的时间应该促进你建立独自工作的独立性和信心。

在工作教练的帮助和支持下，亚伦不仅在实习期间成功成为了一名带薪员工，他还继续受雇于当地的健康食品仓储店，他现在无需工作教练帮助或支持服务就可以独立工作了。他为他的成功感到骄傲而且希望未来在仓储和快递行业继续工作很多年。

—— 布伦达·布朗（Brenda Brown），MSW，职业顾问和工作教练，CIP 伯克希尔

故事

关于这一过程的一个很好的例子是去年发生在布拉德利农场的事。亚伦（Aaron）是一名伯克郡 CIP 的学生，他很想成为一名联邦快递或 UPS 的快递员。他很坦诚，愿意先在当地做志愿送货服务，以期未来有所进步。亚伦开始在布拉德利农场实习，他在那里照料动物、种植和采摘蔬菜及水果，当有货物送货上门时，他就帮忙放在农场商店的货架上。他还会把一些蔬菜和水果送到当地的农场餐馆，并把它们摆放在货架上。

作为工作教练，开始我问他喜欢什么领域以及他想在哪些领域学习。他的指导教师、职业顾问、老师和父母来访时，我和他们交流。我会持续询问他的反馈以及我能对他的实习做些什么，如何使他的经历对他最为有利。他分享了他对快递行业的热爱以及帮助他人的感觉对他多么重要。

几个月来，我看到了亚伦的成长，他的技能、技术、自信心和自尊的提升。他从对快递服务的兴趣开始，能够扩展业务，和我一起尝试新事物，走出他的舒适区，讨论他的感受和想法，并接受建设性的反馈建议。最终他在布拉德利农场获得了一份有薪水的工作。他的愿望是考取驾照，在父母的协助下买一辆车，在暑假期间成为农场商店的全职雇员。

2. 培养可迁移技能

需要花时间建立帮助自己获得并维持就业的现实生活的技能。可迁移的技能就是那些大多数人几乎在每个工作中都能用到的技能，例如准时，生病时告知雇主，只花部分休息时间休息，或工作时恰当着装。也包括雇主需要的 8 项技能（本书中第二部分将会提到）。你可以在目前的工作岗位上开始培养可迁移的技能，你也可以在几乎所有的社区服务或实习网站上学习这些技能，它们将直接应用到带薪就业机会中。

故事

丹想做一个平面设计师。他寻找职位时决定在晚上和周末找一份临时的兼职工作，作为住宿助理，帮助有学习障碍的年轻人。丹很善于聆听学生们的意见，并且能够以诚实和正直的态度对待他们。学生们被他的沉着自信所吸引。公司在建网站时需要人帮忙，丹多花了几个小时来做这些事。他的网络技能、智力与创造力得以凸显出来，他得到了与网络技术和学生相关的全职工作邀请。丹的可迁移技能如交流能力、团队合作以及领导力让他晋升到自己想要的职位。

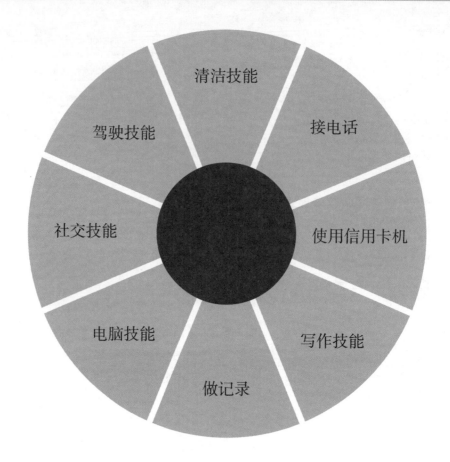

不论在环卫工厂或是华尔街工作都可以使用这些技能。

硬技能与软技能

前面我们已经讨论了硬技能：即可教会的很容易量化的能力，如电脑操作、写作、考取驾照、获得证书，或电话礼仪。

但是雇主也需要具有软技能的人，软技能有时被称为"处理人与人关系的能力"或"人际交往能力"，这些都很模糊且难以衡量。软技能关系到你与他人的互动，包括灵活性、耐心、同理心、创造力、时间管理、交流、团队合作和积极性。

任何特定的工作岗位都需要一些特定的硬技能，但几乎所有的工作也需要软技能和人际交往技能。雇主需要有上进心、善解人意的雇员，他们会在你的简历里寻找这方面能力的证明。雇主可以轻松地培训雇员特定的硬技能，但培训软技能却要难得多，而且雇主希望申请者本身已经具备这些软技能。我们在本书"第二部分：八种雇主寻找的技能"中会更详细地介绍这部分技能。

练习

可迁移技能清单

填写你的可迁移技能的清单, 然后根据这些信息填写可迁移技能总结和行动计划。在你拥有的技能旁边打个勾。圈出或划出你想要掌握的技能。

对他人的敏感性:
- ☐ 能够对他人的关注和感受保持浓厚的兴趣。
- ☐ 愿意想办法帮助别人。
- ☐ 能够容忍他人的行为。

洞察他人:
- ☐ 理解人们做某事的原因。
- ☐ 容忍其他人的行为。
- ☐ 善于解读别人的情绪。

开放性:
- ☐ 能够与各种不同层次的人交流。
- ☐ 愿意分享个人经历并相信别人。

尊重:
- ☐ 能够考虑他人的感受、需求、想法、意愿和偏好（包括其他人的文化和种族），并且认同它们的价值。
- ☐ 能够重视他人的想法并为之付出努力。

讲话:
- ☐ 能够介绍自己。
- ☐ 能够清楚、自信地向他人和团队传递信息。
- ☐ 保持良好的眼神交流, 并能关注听众或他人的感受。

主动倾听：

☐ 能够用全部的注意力倾听他人说的话，聆听时不去打断。

☐ 能够花时间理解他人提及的观点并在需要时间清楚，但不做不合适的打断。

交流：

☐ 能够把事情说清楚。

☐ 能够解读肢体语言并使用恰当的肢体语言。

☐ 能够顺畅进行相互交流。

说服和领导：

☐ 能够影响别人，影响他们的信念和行动。

☐ 能够赢得他人对自己的想法和行动的合作和支持。

☐ 有能力和他人交流一个愿景和目标并引导他们实现这些目标。

☐ 可以推动行动、实现结果并且赢得他人的支持和帮助。

团队合作：

☐ 能够和一群人轻松地工作，对团队的目标表现出忠诚和承诺。

☐ 能够平等地接受每个团队成员的意见。

☐ 能够在团队里坦诚地表达意见和态度。

☐ 可以展示承担任务和责任的意愿。

规划：

☐ 可以创制明确的目标并且能识别和寻找需要实现目标的资源（例如：时间、人力、材料）。

☐ 能够安排恰当的任务时间表，使工作能够按时完成。

时间管理：

☐ 能够仔细安排事件和任务以有效利用时间。

☐ 能够使用日历/规划工具来提前计划并确保截止时期之前完成。

目标设定与主动性:

- [ ] 可以确定哪些是必要或想要的并且可以决定何时完成。
- [ ] 能够坚持完成任务,坚持追求目标,并且能够很现实地处理挫折。
- [ ] 能够采取措施改善情况。
- [ ] 能够寻找机会影响事件或做决定。
- [ ] 可以独立或在支持和指示很少的情况下完成任务。

使用计算机:

- [ ] 能自信地使用电脑来写文件、浏览互联网和使用电子邮件。
- [ ] 会保存文件,高效地找到文件,并打印。

解决问题:

- [ ] 能找到答案并找到问题的成因。
- [ ] 会选择有效的解决方案并采取必要手段解决问题。

学习:

- [ ] 能够寻找新的学习机会。
- [ ] 表现出对学习新事物和个人发展的兴趣。
- [ ] 能主动寻求反馈以增进理解。

适应性:

- [ ] 可以轻松适应新的挑战并对新的做法保持开放态度。
- [ ] 能够根据情况变化改变或重新调整计划或行为。

工具与技术:

- [ ] 能够有效使用设备、工具或技术。
- [ ] 能遵循指示并愿意使用任何必要的工具或技术。

动力:

- [ ] 能够展示出成功的动力(或决心)并擅长于完成任务。
- [ ] 能够超过预期。
- [ ] 能够对自己的能力表现出自信,并可以顺利完成所有承诺完成的任务。

可靠性：

☐　能够在履行职责时展示出可靠性与责任心。

☐　可以仔细检查所有工作，确保所有细节都无遗漏。

专业性：

☐　在有压力的情况下，能够保持冷静和自控力。

☐　保持专注，在任何时候都能实现组织的最大利益。

☐　能够保持良好的卫生和恰当的着装。

☐　能够保持桌子和工作区域清洁有序。

☐　会认真检查所有工作内容，保证考虑到了每个细节。

练习

可迁移技能总结和行动计划

现在你已经清楚了一些雇主要寻求的最重要的可迁移技能,那么列出你可发展的最好的技能是一个好主意。这些内容可以是在简历中提到的内容,同时可以举例说明它们是如何发展和使用的。

你还可以在准备面试时使用这些信息。雇主想看的是你具备什么技能,以及你是如何实际应用这些技能的。

大多数雇主都认为可迁移技能清单上的所有技能都是必要的。那么为何不设定目标发展你的弱项?

首先列出所有你想要多练习的技能,然后标注出一些你可以参与的一些有助于发展这些技能的活动。

我现有的最好的发展技能

技能的名称	怎样发展它	怎样利用它
1.		
2.		
3.		
4.		
5.		
6.		
7.		
8.		

我需要或想要发展的技能

	技能的名称	发展它的方式或活动	需要的训练
1.			
2.			
3.			
4.			
5.			
6.			
7.			
8.			

3. 发现职业兴趣

顺着黄砖路走，然后敲对地方（电影《绿野仙踪》歌曲中的桥段）！你对什么感兴趣？哪些东西你热衷于分享和发展？首先在这些方面寻找线索。需要注意的是，仅仅因为一个人对某个领域特别感兴趣或有相关知识，不意味着他有能力在这个领域工作。

故 事

克里斯是一个学生，他记住了波士顿红袜棒球队所有球员的数据和信息。他非常想成为体育主播。但他很害羞而且不善于社交，无法流利地与舍友或老师交流。

克里斯和他的工作教练一起工作，她给他制定了一个计划，帮助他发展在这个领域就业的沟通技巧。在这个案例里，克里斯没有足够的动力学习这个工作必需的口头交流技能，因此他需要寻找其他可以找到工作的相关领域，或选择别的他特别感兴趣的领域作为职业选择。克里斯需要就业前实习来展示他擅长的技能领域，以及他缺乏的技能，但他很固执，只想成为一名主播。他不想尝试任何实习。

因为克里斯有一颗善良的心，总想要帮助别人，所以他的工作教练给他安排了一个社区服务的职位，使他能够和残疾儿童一起做运动。他非常享受这件事，并且每次到了他的日程安排时他都很愿意去做社区服务。他慢慢地开始在这个安全环境中进行更多的交流，还能够听取劝告并且开始接受建议。他开始积极地接受帮助改善他的交互式对话和自我宣传的技能。

克里斯花了一年时间建立起足够的自信和自尊后开始实习，在一家儿童诊所协助物理治疗师。他成功做到这一点后，便想要开始上相关专业课成为助理物理治疗师，他现在已经获得了有薪聘用。

克里斯的故事说明，靠自己对自己做出现实的结论是一个缓慢的过程——有时候要经过好几年。作为老师和工作教练，我们应该尊重这个过程和他本人做决定的权利，同时创造一个让他开始实践的安全环境。坚持不懈的指导可以促进这个进程。他需要自己意识到接受帮助是一件好事。

每个人都有"能力岛"：只有一小部分人有特殊技能。随着你发掘出这些独特的技能，你将会找到自己应该选择的就业方向。

练习

运用互联网发现职业兴趣

运用下列职业资源网络发现个人兴趣和潜在的职业选择：

- 普林斯顿评论职业测试：www.princetonreview.com/quiz/career-quiz
- O* 网站兴趣分析：www.mynextmove.org/explore/ip
- 走一步职业兴趣评估：www.careeronestop.org/toolkit/careers/interest-assessment. aspx
- 职业兴趣问卷：www.wistechcolleges.org/explore-careers/career-interest-questionnaire
- 就业族兴趣调查：www.careerwise.mnscu.edu/careers/clusterSurvey
- 个人潜能动力评估（MAPP）：www.assessment.com

第三章

适合的好处

一旦你确定了自己所感兴趣的方向以及你最感兴趣的职业，你就必须找到一个"适合的"工作。这是你需要学习的最重要的技能之一。只有你自己知道想和什么样的人相处，想在什么样的环境中工作。只有你知道你能够忍受什么样的光线和噪声。

为了成功就业，你需要尊重自己情感、社交和感官需求，而不要浪费时间去寻找那些你明知会让你焦虑或不高兴的工作。我们在开始大学实习项目（CIP）时会说，这个机构会帮助你成长。当你找到正确的就业机构时，你就会蓬勃发展。在本章中，我们会帮你发现最适合的。

1. 雇主适合

你愿意和非常有活力的人相处还是愿意与安静的人相处？你更喜欢友善而随意的管理者还是更商业化的管理者？找到适合自己的雇主类型就像寻找朋友或搭档一样。尽管你们不会达到你和女朋友或男朋友的亲密度，但你每天有大量的时间都在工作，因此能和你感到信任、舒服和放松的人呆在一起非常重要。尽管我们不总是能找到"完美的匹配"，也许所有关系都有矛盾且有可能破裂，但我们仍需挣钱养活自己。本节内容会帮助你缩小选择范围找到最恰当的选择。

故事

杰里迈亚喜欢和有活力的人相处。他可以在学习甚至写大学论文的同时听音乐。他和那些性格外向且善于表达的学生相处得最好，而且他更喜欢和那些经常表达自己的人交往。

杰里迈亚对学习烹饪技术也很有兴趣。考虑到这一切，他的工作教练介绍他去一个时尚的有机食品合作咖啡馆，那里已经有几个和他相似的员工了。杰里迈亚喜欢和这类同事一起工作，并且在那里他马上就被大家所接受了。他能够在厨房里为热食吧制作食物，并学习他想要的烹饪技巧。

雇主适合测评

圈出你最希望雇主拥有的四个特质，圈出你在工作中可能遇到的关于雇主的四大挑战。

自己希望的雇主的特质	自己不希望的雇主的特质
好导师	事无巨细的管理者
个性随和	咄咄逼人或易怒
女性	女性
男性	男性
高学历	受教育程度低
不咄咄逼人	独断专行
友善	不友善
有经验	沟通能力差
好老师	希望你单独完成工作
专业	不专业
好的沟通者	安静，说得很少
工作能力强	死板或执拗

2. 环境适合

你是不是需要窗户或自然光才能感到平静？或是否在封闭安静远离他人的空间里工作最好？其他的员工离你很近对你有影响吗？或者你需要一个人待着才工作得最好？什么样的工作环境让你感到舒适？什么样的环境使你紧张？环境适合是指就业场所内外的实际物理结构。从家里坐长途汽车去办公大楼或市中心的高层建筑上班可能都不太适合你。你可能不想在大型商场或晚上在黑暗的街区工作。每个人都有自己的需求。有些人从堪萨斯的农场搬到城市工作；还有一些人则从纽约市搬到新罕布什尔州的一个农场。

关于个人空间的注意事项

孤独症谱系障碍或有学习障碍的个体往往需要更多的个人空间。这可能包括需要个人的办公室、小隔间或其他可以"撤退"回去的空间，或每天固定次数的休息让自己可以独处。找工作时，记得要考虑你需要多少个人空间，以及工作环境是否能提供这些空间。

故事

莉亚是一个安静且内向的学生，希望学习图书馆学。她学习成绩优异，通过课程考试没有任何问题。她需要实习岗位来学习毕业后可能做的工作所需的知识。

她的职业协调员建议了多个职位，然后他们决定多走访几个，看她最喜欢哪一个。他们走访了一个很大的大学图书馆、一个小学图书馆和一个小城里的公共图书馆。莉亚选择了小公共图书馆，有以下三个理由：（1）雇主适合：和她一起工作的图书管理员非常内向并且性格随和，莉亚觉得自己可以很好地与她一起工作；（2）感受适合：这里平静并且安静，而大学图书馆则挤满了正在学习的、说闲话的大学生；还有小学图书馆，那里到处都是吵闹的孩子；对于莉亚最重要的是（3）环境适合：这里是一个小社区的氛围，而且她会有自己的小隔间，在那里她可以每天安静地独自工作几个小时。

练习

环境适合测评

列出你想要的工作环境中"必须具备"的方面，然后列出你"无法忍受"的地方。然后从 1 到 10 给出优先级，1 表示最重要。

必须具备	无法忍受

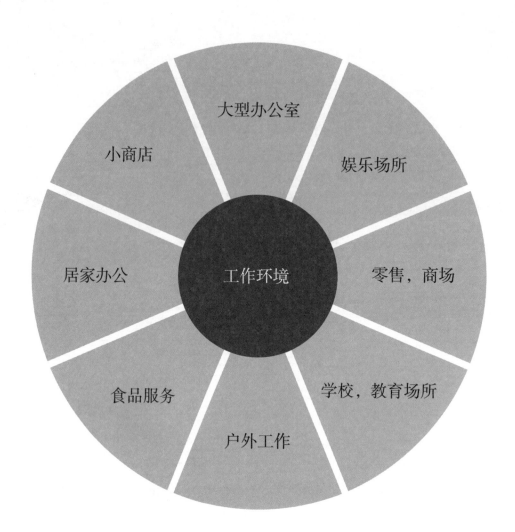

3. 感受适合

找到合适的感官舒适度对保证你在工作中保持舒适良好的状态非常重要。

你更喜欢明亮的还是暗淡的灯光？办公室有背景音乐你能很好地工作吗？或空调风扇在你旁边，特殊的气味或化学味道会让你不舒服吗？当你在找工作或选择职业时，你需要考虑所有这些因素。例如，如果你想要做动物相关的工作，但你受不了它们粪便的气味，那么你就要想出怎样做与动物相关的工作且能避免粪便味道对你的刺激，或选择另一个兴趣领域。

故 事

史蒂芬（Stephen）有很多感官方面的问题。最突出的是他对光线、很大声的音乐以及噪声敏感。他想要成为一名会计师，并开始在一家会计师事务所找实习机会。

他看了一家大事务所，整层楼都是员工工作的隔间，工作时头顶上是很亮的荧光灯。他知道噪声、缺乏隐私以及这样的灯光会让他很困扰。他看了另一家事务所，其所处区域很嘈杂，隔壁就是一家正在建设的大楼。他也排除了这家。

他之后看了一家小的家庭事务所，工作场所是由一个旧住所改成的。这家事务所每个房间只有一两个员工，并且使用白炽灯和台灯照明。这是一个非常舒适的环境，每间办公室都有门阻隔噪音。于是史蒂芬申请了这家公司的实习机会。

练习

感受适合测评

在左边一栏列出你的感官优势，右边一栏写下你的感官挑战。从 1 到 10 给出优先级，1 表示最重要。

感官优势	感官挑战

4. 社交适合

你是在找一份互动性高，员工经常交流，团队一起工作，需要依靠他们的沟通技巧完成工作的岗位吗？你是和比你年长的人、同龄人还是比你年轻的人一起工作更好？你和一个主管打交道是否比和一群人打交道更好？你的社交优势和劣势有哪些？它们会如何影响你的工作或事业？

故 事

我们曾带过一个有注意力缺陷多动障碍的学生大卫（David）。他非常活跃，易分心，而且无法长时间坐着，这使他学习受到影响。尽管他的社交技巧有限，但大卫还是很喜欢社交并且爱与别人交谈，他很善于短对话。

经过多次尝试，我们终于在一家医院找到了理想的志愿者职位。他推着小推车，给每层楼每个房间的病人送杂志和报纸供他们阅读。他对整个医院都十分熟悉，认识了每一个员工，并且由于性格积极受到医院所有员工的喜爱。他们期待他愉快地来打招呼。他喜欢忙碌并且一直在活动。

这份工作给大卫提供了一个社交和情绪出口，以及运用他社交技巧的能力。当有一个在医院里用推车送药物的有薪酬的岗位可以提供时，员工们都鼓励他申请。他获得了这份工作，并且干得非常好。

练习

社交适合测评

在左边一栏列出你的社交优势，右边一栏写下你的社交挑战。然后从 1 到 10 给出优先级，1 表示最重要。

社交优势	社交挑战

5. 智力适合

你工作中的智力因素是否足够激发你保持兴趣？你工作周围的人是否能够激发你的智能？是否有上升的机会——从基层体力劳动向上迁升到智力要求高的岗位。

故事

简（Jan）在手机应用、电子游戏以及其他软件编程方面有特殊的兴趣，但是她在这个竞争性很强的领域找工作有一定困难。她在当地的医疗实验室找到了一份数据录入员的工作，但是枯燥的工作内容让她很难受，她觉得她的能力远超这份工作的要求，这份工作对她来说智力适合度不高。

简决定在这个实验室留下来工作仅仅是为了生计，与此同时不断提升自己的编程技术，并且一直在申请她觉得能够激发她智力能力的工作。她不断地在当地州立大学夜校进行编程学习，还申请了周末的研讨班。她与同学、教授以及其他网上认识的程序员联系，并最终获得了一家运动休闲公司手机应用程序员的岗位面试。她知道这份工作可以激发并且配得上她的智力能力。

练习

智力适合测评

　　在左边一栏列出你的智力优势，右边一栏写下你的智力挑战。然后从 1 到 10 给出优先级，1 表示最重要。

智力优势	智力挑战

6. 情绪适合

这份工作对你的情绪健康有帮助吗？你做这份工作会有什么感觉？这份工作是有助于你的情绪健康还是会束缚你？你对这类工作或你申请的这个特定的工作岗位有什么内在的感觉？在为自己选择职业时，情绪上的契合是非常重要的。

故事

贾罗德（Jarrod）是一个来自宾夕法尼亚州的学生，在纽约一所私立的学习障碍者寄宿学校上学。他经常旅行，而且掌握基本的社交技巧。他相貌英俊而且身材很好。但是在被当众提问时贾罗德会觉得害怕和窘迫。他经常躲在自己的公寓里，宁愿闭门不出，也不愿在公共场合露面。

贾罗德非常希望就业而且他的基础工作技能很好。他喜欢做仓储而且记忆力很好。在仓库做了几次实习之后，他终于在家得宝（Home Depot）找到一份仓库管理员的工作。几个月内，他就知道了仓库里的每件东西在什么地方，在哪个通道，以及有多远。

问题是贾罗德不喜欢与顾客互动。他能够得到并保住这个职位，主要是因为他有一位善良、富有同情心、善解人意的上司，对他很耐心，肯花时间向他把事情解释清楚。贾罗德慢慢地对回答顾客的问题和引导他们到正确的通道的任务感到轻松了。他是店里的重要人物，因为他知道所有东西在哪里，而且很平静（至少在外面是这样）。不幸的是，贾罗德的上司突然离开了工作岗位，他的新上司对贾罗德没有那么有耐心，希望他"照着说的做"。贾罗德没法达到这个上司的要求而且很快变得非常不舒服，然后就辞职了。

后来经历了一段很长时期的失业，贾罗德在他的工作协调员的帮助下，得以鼓起勇气在离他公寓更近的一家小五金店找了一份进货的工作。尽管他在家得宝的工作经历的最后结尾不太好，但他的这段经历让他获得了后来的这份工作。此外，这家小五金店的主人家里有一个有发育障碍的堂兄，他们知道如何对贾罗德耐心和友善。

特别说明

许多孤独症谱系障碍者备受焦虑或抑郁的困扰而且感到压力时倾向于封闭自我（或有强烈情绪反应）。工作场景中的潜在压力源包括与你的上级或同事的社交互动，达到一定期望或赶上截止时间的压力，完成特定任务，多重任务处理，或年度考核。

虽然很难预测与上级或同事的互动压力有多大，但你可以根据工作描述中的技能、知识、能力要求部分评估一项工作的压力程度。举个例子，如果工作描述中说到职位要求"多重任务处理"以及"快节奏"，这就是提示你赶紧逃跑的红色警示灯！此外，可能需要你完成一些特定任务的工作会让你觉得有压力，例如打针，和血有关的工作，和大狗一起工作，或甚至只是与客户面对面或通过电话进行持续的交流。重要的是，要意识到你的情绪压力源，寻找对你来说情绪适合的工作。

故事

罗伯（Rob）作为一名牧场工人在农场实习时有一头小牛出生。不幸的是，小牛受伤了，牧场的工作人员不确定它能否活下来。在工作教练的安慰下，罗伯得以度过那个艰难的时刻，但他仍然困于自己的经历，并在接下来的几天里持续与CIP工作人员一起处理情绪感受。最后，他找到他的职业协调员，说他不认为农场工人是适合他的职业。

另外一个例子是玛丽莎（Marissa）。玛丽莎是一个从来没有在任何地方实习或工作过的学生。她一想到实习就会焦虑不安，经常会哭，所以情绪合适是非常重要的。玛丽莎喜欢动物，我们都认为她在当地动物收容所实习可能是一个情绪适合的工作。她工作的第一天里，在实习前发生的一件事让她心烦意乱，加剧了她的焦虑。看起来可能无法完成实习工作了——但在工作教练的帮助下，玛丽莎处理好了她的情绪并得到保证：她在实习期间会有一个工作教练和另一个学生帮她度过难关。

她在动物收容所实习了一年多，并且逐渐进步到不需要工作教练协助了。她后来成了其他学生的有力指导者，他们在和玛丽莎一起工作时会向她寻求帮助。玛丽莎发现与动物工作的职业可能对于她来说是情绪适合的——不论职业重心是什么，她只是在开始新工作时需要一些额外的支持和训练。

——詹妮弗·克拉里克（Jennifer Kolarik），职业协调员，CIP布里瓦德

练习

情绪适合测评

在左边一栏列出你的情绪优势，右边一栏写下你的情绪挑战。然后从 1 到 10 给出优先级，1 表示最重要。

情绪优势	情绪挑战

第二部分

雇主需要的八种技能

交流沟通能力

团队合作精神

专业技术

解决问题和反思能力

学习的意愿

对雇主来说
8种最重要的技能

决策和领导能力

自我管理能力

计划和组织能力

第一章

沟通交流

> "谁是明智的人？能向每一个人学习的人。"
>
> ——本杰明·富兰克林

交流是指思想、信息的交流，或通过语言、手势、文字或行为进行信息交换。但它又不只是在传达信息。你是谁，你怎么样与人交往通常比你所说的更重要。你需要检查对信息的理解程度：识别你的信息是否以你想要的方式被他人准确地理解。你还必须聆听他人讲述的全部内容，确保让对方感到被倾听和被理解。

交流是必不可少的工具，但它是一种后天习得的技能，而不是天生的。同时，它也是最为重要的。沟通是"胶水"，将你与一切联系在一起：你的工作、生活空间和你的人际关系。你不可能与他人隔绝独立生活，没有好的沟通技巧，你也不能与他人一起工作。

确定适合你工作场所的沟通方式也很重要。我们可能会考虑分享多少关于自己的信息，或有关我们的学习障碍。这些问题的答案都取决于具体环境。例如，如果你正在上大学的课程，你可能需要向你的教授透露你的学习障碍以及这一点如何影响到你在课堂上的学习，从而获得你所需的调整。

沟通的优势

以下是你在学习沟通技巧时需要重点关注的一些重要领域。

诚实

当被问到问题时，你会诚实回答吗？你需要在做到诚实的同时，保持恰当的社交风格，这很重要。诚实固然很重要，但请注意不要让你的发言被同事们认为很无礼。另外，了解清楚背景，并注意不要分享太多个人信息。

自信

自信是工作场合中一项重要的特质，在表达你的新想法时应该用到它。说出关于项目的意见并分享你的想法。如果你的意见被正确地表达出来，它可能很有价值。如果你得到积极的评价，并期待获得新的岗位，那就与你的经理沟通，你已经准备好承担更多责任。你可能意外地获得提拔。与人打交道时要自信，对客户也是如此。与咄咄逼人的客户打交道时要礼貌而有自信。

故事

杰西（Jessie）在一家针对高端业主的室内设计公司里担任接待员。她经常接到过激的电话，总希望立即就他们所关注的问题采取行动。杰西起先有些消极，但同时必须学会保持友好而坚定的态度。她的老板和她一起练习在紧急情况下如何表现得礼貌而果断。

反馈和建设性批评

在工作场所使用反馈和建设性批评这些强大的工具，可以提高工作效率和整体生产率。大多数雇主都会给你快速多次的反复评价。如果你对这种风格感到不舒服，那么与其变得心不在焉，不如与你的经理沟通，让他／她采取适合你风格的量身定做的方法。例如，你可以说："我需要关于我在哪些地方出错的明确反馈，以及关于应该如何执行的直接指示。"

故事

奥利（Oli）被当地肉类市场一家屠宰场雇用为助手。他熟知屠宰过程和各种各样的肉，但他在接受老板的反馈时存在困难，老板在执行有关刀具使用和市场卫生的安全程序方面非常有条理。但是奥利在割伤了自己几次之后，他决定接受老板的反馈和建设性批评。

幽默

幽默要选对时间和地点；了解你周围的环境。的确，个别工作场所可能会充满讽刺或笑话，但不要预先假设每个人都会对你的幽默做出积极回应。更好的方法是传达积极态度和理性的乐观。这些都是同事们喜欢的特质。

听众

了解你的听众并熟知你所交流平台的范围。你是在回复合作伙伴、经理、利益相关者还是潜在客户？确保你的语言没有歧视，特别是你想要在工作场所构建友好氛围的时候。

主动性

无论你选择何种职业，总有一刻，在工作场所中，你会在政策、程序或流程方面以及关于处理事情的方式等方面遇到不愉快的情况。首先不要沮丧地来回应你的老板，对问题置之不理，或者认为你应该与高层管理人员直接对话。相反，你应立即找出问题，仔细考虑如何解决它，并与公司现有的管理链条中恰当的人员进行积极的、有吸引力的对话。即使生活在快节奏的世界中，你从工作中获得的回报和满

足可能也不会很快实现，你也应该主动帮助解决问题。

故事

瑞安（Ryan）在一个城市住房项目里担任维护助理。他有几个老板，会给他相互矛盾的工作安排。瑞安开始感到沮丧、烦恼。后来他决定把所有需要完成的工作制成总清单，并主动推动老板们就任务安排达成一致。

耐心

向你的雇主展现你能够耐心地沟通。在充斥着数字信息的时代，我们有时只记得每天 24 小时一周 7 天的即时数字信息，却忘了这里面还有吃饭、洗澡、睡觉的时间。下面你将读到一个名叫席拉（Shayla）的青年的故事，她在回应雇主时表现得很没有耐心，并要求周末立即得到答复。

故事

席拉（Shayla），刚被聘为图形设计助理时，注意到了她的工作时间表与她的大学课程表冲突了。鉴于她的老板说如果员工有时间表更改请求可以通过电子邮件提出，席拉给老板发送了以下电子邮件："此工作时间表我无法执行。我在 11:30 离开教室。我需要有时间回到公寓，然后吃饭。我很灵活，但是无法解决这个问题。"

老板在周末休息时间回复道："星期一我会找机会尽量将你的上班时间安排得晚一些。"席拉很执着于立即解决问题，便答复道："你需要做的不仅仅是解决那天的问题；我不想在 1 点钟之前的任何时间开始上班。我需要时间吃午饭和休息。请取消我的夜班。我从今

年年初开始就没有上过夜班，我觉得一定是安排错了。我已经告诉过我父母，他们同意我的看法。请解决此问题。"

老板在周末回应："星期一到办公室找我！"而席拉，尽管她认为自己很直接，没有拐弯抹角，但其实她对老板的回复过于生硬。你认为下周一他们在办公室里面谈时，她的上司将会对她说什么呢？

—— 米歇尔·拉姆齐（Michele Ramsay），职业协调员，CIP 布里瓦德

故事

凯利（Kelly）是当地奶酪商的雇员。她的老板非常注重细节，并倾向于对其员工进行事无巨细的管理。当老板对一个订单表示担心，或对他想要完成的任务的要求感到焦虑时，凯利总是很有耐心。她心平气和地干着自己的活，任凭老板在一边喋喋不休。老板逐渐开始信任她，相信她会成为商店里的一颗"定心丸"。

多项任务

在工作中，你可能会被要求同时处理多个项目，或者同时考虑短期和长期项目。应制定一个日程和时间表，这样你才能保持在正确的轨道上，并确保尽你的最大能力完成每一项任务。但是也要当心：虽然电子设备能帮我们实现以下技能：同时处理多个对话，即使你能同时接电话、回邮件和发短信，但你这种同时处理各项任务的专业技能在工作场所可能并不受欢迎。在工作场所，重要的是要明白，你的雇主可能会将这种能力解释为注意力不集中或对工作任务缺乏专注。记住要专心工作。

使用新技术

交流与沟通在 21 世纪的工作场所中发生了很大的变化。传统的面对面办公会议和电话交谈正在被社交媒体、电子邮件、短信、博客、在线聊天和视频会议所取代。这时新问题出现了，例如用短信回复工作询问是否合适。答案由具体情况决定。例如，如果雇主给了他们的手机号码，并要求你发送短信，那么你应该跟进。在工作以外，你必须意识到，任何你在你的社交媒体页面（如微信，QQ）或其他社交媒体网站上放置的东西，都会影响你获得工作的成功。你应该认真考虑在你所有社交媒体网站上对自己的个人介绍设置隐私限制，以确保你的信息不被泄露。

了解诸如电子邮件这样的技术交流方式也很重要。首先要用适当的称谓称呼你写信的对象（女士、先生或博士），并在落款处写上你的名字。信息要清晰、具体、有礼貌。遵守拼写、语法和标点的规则，在发送邮件前校对是否有拼写错误。

故事

在下面的交流中，尼克给他的雇主发了一个清晰、诚实、校对过的电子邮件，他的雇主注意到他出色的沟通技能，并决定答应尼克的要求。

尼克的信

约翰逊先生，

我想向您汇报我遇到的一个问题。我星期二到岗有困难，无法按时上班并打扫完卫生。我在学校的健身课12点45分才结束，我需要时间洗澡，然后再去工作。

我希望您能给我安排下午1:30开始的工作，而不是下午1点开始。我希望能穿得干干净净来上班。1:30开始的话我就有时间洗澡、换衣服，并准时上班。在这方面如果您能给予任何帮助，我将不胜感激。如果您需要从我这里了解任何其他相关信息，望告知。

敬礼，

尼克

约翰逊先生的回复

亲爱的尼克，

一开始看日程安排时，我通常会对你的请求说"不"，因为你做出改变就会影响到其他员工的日程安排（每年这个时候员工的日程安排都很紧）。但是因为你非常礼貌地提出要求，内容合理，表达完美，我已经修改了日程表来适应你的时间。你可以在星期二下午一点半来。

约翰逊先生

—— 米歇尔·拉姆齐（Michele Ramsay），项目总监，CIP 布里瓦德

交流方式

面对面的交流方式在21世纪的工作场所仍然存在，这仍是最重要的沟通形式。因此，你必须理解面对面或通过屏幕共享进行交流的规则。当你在面对面谈话时，不要使用电子设备（请勿浏览你的手机或平板电脑上的文本或电子邮件）。要重视你与其他人沟通的社交礼仪。我更喜欢清晰、直接和协作的交流！

故事

彼得在听觉处理方面有困难，他把自己描述成一个"实话实说"、不怕质疑权威的人。他在过去的实习中遇到了困难，因为他公然的诚实和对任务的质疑被上司视为"对立行为"。

艾登不太擅长为自己主张权益。他经常表示，在上一份实习工作中感到很焦虑，尤其是在询问问题或生病要求请假的时候。他会给自己施加很大的压力，并小心斟酌自己的言辞以及与他人的互动，避免任何让他人失望的可能。他经常迁就别人，却忽略了自己的需求。

这两个学生有不同的沟通方式，而且相互了解彼此的优点和缺点。然后，通过共同努力，他们互相学习如何在出现冲突时维护自己的需求。他们通过一系列关于解决冲突的口头讨论和书面作业来完成这项任务。然后他们通过角色扮演来锻炼沟通技巧。他们在交流中学会了直接和尊重。

——凯立·贾米森（Kelly Jamison），职业协调员，CIP 伯克利

练习

沟通测评

在下列各项中，从 1 到 10 为你自己打分，其中 1 为最高分。

我讲话诚实，尽我所能说实话。

我直率而诚实，但不会太生硬。

我有问题或疑虑时会大声说出来。

我理解管理层次——知道找适当的人表达我的问题或疑虑。

当有人提供反馈时我会聆听。

我愿意接受建设性的批评。

我保持乐观的态度。

我知道只能在合适的时候使用幽默。

我会根据说话对象而改变语调和主题。

我对别人有耐心。

我可以一心多用而不会分心。

我知道如何使用先进技术交流，例如电子邮件或在工作场所适当地发送短信。

面对面交流时，我会仔细聆听并进行眼神交流。

我能让与我一起工作的人知道我喜欢怎样的沟通方式。

如何使沟通技巧得到更好的发展

我们怎样才能提高自己的沟通技巧呢? 答案很简单: 练习! 在家里为应对社交场合和专业场合进行以下技能练习。你也可以让工作教练观察或记录你在工作中的沟通技巧, 然后在家里复习并练习最需要练习的内容。

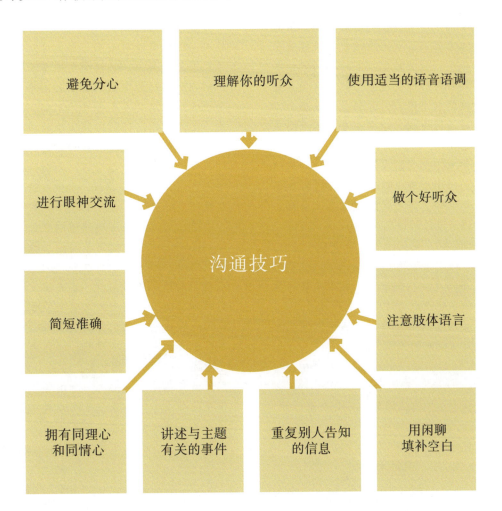

特别说明

避免分心

与某人说话时, 请放下你的手机, 关闭电视或收音机, 然后在远离他人的安静场所与其交谈。

了解你的听众

例如, 你与孩子说话和与成年人肯定不同。你同老板交谈和同你朋友交谈不同。在家练习这些。

学习调节自己的语气

有时候你怎么说比你说什么更有效。俗话说"你用蜂蜜比用醋更能吸引人", 要牢记这个箴言。

故事

佩吉（Peggy）很想了解她的语气对别人接受她的反馈或提醒有多大的影响。当她在儿童图书馆实习时，她给图书馆的顾客和孩子们提供了非常出色的客户服务。但是，当与她的同事相处时，她就会语气严厉，带有负面情绪。她的情绪溢于言表，从她的语气中就能听出她的沮丧。有些时候，当她感到不知所措或沮丧时，她就避免与同事互动，并认为这是一个很好的方法，但事实上，这使她的同事认为她很粗鲁，不是团队合作者。

佩吉不知道别人如何看待她的沟通方式，但由于有工作教练对她进行观察并提供反馈，佩吉就能够练习试着在工作中调节自己的语气。例如，如果她说："那个我来"，她的语气是愉快而自信的，还是严厉而急躁的呢？

事实是，佩吉非常想成为最好的员工，而且她想成为她团队中最好的成员，所以她愿意收到反馈，并在尽力学习如何更好地与她的团队交流沟通。

——詹妮弗·科拉里克（Jennifer Kolarik），职业协调员，CIP 布里瓦德

眼神交流

在工作场所进行眼神交流尤其重要。它之所以重要，是因为它给听众（主管、同事等）留下的印象是你在认真听取他们所说的内容，并且很感兴趣。但有时凝视时间长了，也可能使其他人不舒服。因此，你可能需要每5秒钟中断一下（只要将眼睛移开，就像在考虑别的事情）。另外，为了让自己更舒服一些，你也应该移动一下视线。一旦你对眼神交流感到更舒适了，就可以加入一些面部和肢体语言（微笑、点头头或抬起眉毛），以加强你正在积极聆听的印象。

故事

戴夫（Dave）是一个很亲切的年轻人，但他交流有困难。戴夫对众多工作机会感兴趣，并且接受了很多面试，但他在面试过程中遇到了很大困难。因为他面试时总是支支吾吾，不知如何交流，他没接到过任何申请岗位的回复电话。由于戴夫缺乏适当的沟通能力，他的工作教练和他一起为下一个面试进行准备。戴夫听从了建议，仅仅改进了一些技巧，就获得了他感兴趣的职位。

在工作中，戴夫仍然遇到了很多困难，他无法说明白他所参与的工作以及他的感受。他不善于听取别人的意见。当他的老板与他说话时，戴夫很少会进行眼神交流，必须有别人要求他才知道取出连在他手机上的耳塞。当人们交谈时，戴夫也很难集中思想，他会更加注意干扰因素而不是注意客户感受。

戴夫很幸运，他有一个了解他工作价值的雇主，给他联系了职业教练继续完善其工作技能。他改变了他的沟通方式，继续努力提高工作的技能，保住了工作。

做个好听众

无论你是在和谁说话或讨论什么话题，都要花时间集中精力，注意听清别人和你说的话。和你的朋友、家人在家里练习，甚至可以和与你只有短暂交谈的陌生人练习。

故事

西蒙（Simon）说他曾因为不会沟通而付出了惨痛代价：他的室友用非常不尊重的语言咒骂他，他对当时的情形感到非常沮丧。当时他认为问题出在他的室友身上，室友总认为他自己是对的。后来他才意识到自己没有很好地聆听。

"我以前就是那样，"西蒙说。"当我第一次在大学失败时，我责怪各种不同的事情，但不认为自己有任何责任。在第二所大学再次失败时，我开始意识到我并不了解一切，我想从我的支持体系中学习如何获得成功。"

底线是：西蒙懂得了他不仅需要承担责任，同时以尊重的态度倾听周围的人也很重要。他彻底改变了他的待人方式。现在他成了学生和同事们积极情绪和支持的来源。

——詹妮弗·科拉里克（Jennifer Kolarik），职业协调员，CIP 布里瓦德

简短准确

不要拐弯抹角。开门见山，言简意赅，尤其是在时间紧迫的情况下。还是要练习。如果你想要什么，就直接去要求——但不要太生硬。

小贴示：**有话直说，否则不达正题！**

注意肢体语言

沟通时常会伴着肢体语言，所以，也要注意自己的肢体语言。通常，如果你的手臂交叉，肩膀弯曲，给人的印象就是防御性的或是你感到沟通很无聊。那么这意味着一段谈话还没开始就已经结束了。如果你在微笑，站直并看着与你交谈的人，给人的印象就是你对他所说的感兴趣并很专注。在日常生活中寻找这些迹象，并练习良好的姿势和积极的肢体语言。

发展同理心和同情心

理解在与他人交流沟通中没有被说出来的部分可以帮助你更有效地做出反应。应试着理解与你交谈的人。他们可能今天不顺利，或者可能正为某问题而苦恼。所以如果需要的话，降低语调，练习找出你认识的人的一些小细节。这样你就能更理解如何与他们相处。

讲一个与你的主题相关的故事

讲述一个与你的主题相关的故事，是进入对话的重要一步。不要着急，在交谈之前想出一些与你的会谈有关的奇闻轶事。与朋友和家人一起练习练习。例如，从"今天发生了一件超疯狂的事……"开始聊天。

把对你说的话重复一遍

重复别人对你说的话是沟通交流的关键。它表明你听到了他们所说的并理解了他们所说的意思。不要误会我的意思：我不是说要重复你听到的每个字。相反，当对方稍作停顿时，你可以说，"那么你的意思是……"这会让正在与你交流的人知道你正在倾听，只是想和他们理清一些事情。因为重复明确了这些事情，就不会有出现错误的可能。与朋友和家人一起练习。这样说；"爸爸，你的意思是，我可以开车出去并整晚都待在外面吗？"明白

了吗？你既然重复了就没有出错的余地了。

用闲聊消除距离感

与大家练习闲聊。一句简单的"你好吗？"或"家人怎么样？"就可以引入到与他们的正式谈话中。这会让他们意识到你是一个有爱心的人，是一个可以和他们交谈的人。

沟通技巧可以每天在各种场合练习，从社交场合到专业场合。新技能需要时间来完善，但每次你使用你的沟通技巧时，都是在向机会和未来的伙伴敞开自我。

练习

改善沟通

有很多方法可以提高沟通技巧。以下是一些随时可以实践的简单交流练习；这些练习的重点是开始一段引入对话。选择那些你用得最好的话题并使用它们，最重要的就是练习，练习再练习。

1. 给予与接受
与朋友或家人一起做。
- 有人对你说了一句表述性的话。例如："昨晚我特别开心。"
- 就这话题，接话的人会说："真的吗？昨晚有什么特别之处吗？"
- 持续对话，直到每个人发表五个评论为止。

2. 破冰
你可以与同学或朋友一起做。用这些问题来展开对话。
- 在学校："教授讲的内容你都懂吗？""那次课很棒，你从中学到了什么？"
- 在单位："这个周末你打算做什么？""你周末过得怎么样？"
- 在家："你今天过得怎么样？""你今天打算做什么？"

3. 练习面试
找一个家庭成员充当潜在雇主，让他们问这些类型的问题：
- "你能给我们讲一次你表现出领导力的事例吗？"
- "你最为之骄傲的成就是什么？"
- "你如何处理危机？"

4. 肢体语言

当你外出社交时，注意观察他人。你看到什么样的肢体语言？你什么时候应该站直？你应该怎样坐在椅子上？你应该如何调整你的语气？从面试到休闲或专业工作状态，为每种情况确定合适的姿势。

玩配对游戏。从左边栏画一条线与右边栏中最合适的项目连接。

握手并自我介绍	会见主教
弯腰亲吻他的戒指	见雇主
给个拥抱	会见女王
行屈膝礼或鞠躬	见你阿姨

5. 词汇

制定清单。每天学习一个与你的工作相关的新词。在与他人交谈时至少使用一次，根据情境使用它。确定如何使用它。把新工作用语写在索引卡上，然后将其放在口袋中，以便你整天都可以查阅它们。

有效的工作场所沟通

以下是在任何工作场所与他人交流时都可以使用的最佳方法。你的主管、同事和工作团队成员会明白你要说的。他们会清楚你的意图，并且他们会欣赏你的直接和简单清晰。

- 一对一
- 电子邮件
- 演讲展示
- 表现出信心和认真
- 使用简洁的语言

- 倾听你的同事和团队成员
- 使用适当的肢体语言
- 使用适当的语气
- 避免不必要的重复
- 营造一种友善的氛围
- 幽默
- 表达清晰
- 避免抱怨
- 鼓励反馈
- 运用手势
- 表示感谢

第二章

团队合作

> "如果我看得更远，那是因为我站在巨人的肩膀上。"
>
> ——艾萨克·牛顿[2]

把你在工作中的同事看作"队友"共同努力完成手头的任务目标，这一点非常重要。想象一下建造大楼：构想计划的建筑师与工程师协作以确保建筑物结构合理；承包商对材料进行成本分摊，并制定施工时间表；然后是各种木匠、泥瓦匠和屋顶工完成结构。团队中的每个成员发挥自己的作用并与其他成员合作、沟通，一起为一个成功的项目而努力。如果你有能力或知识，能使大家团结在一起共同努力，不要为了将来个人的利益而隐瞒。分享你的主意和想法并与同事合作完成企业的使命和目标，这将有助于你在工作场所的个人进步，也会为你展示你的技能和智慧提供了额外的机会。

有时候，自己包揽一切好像比较容易。孤独症谱系障碍者通常有非常多的兴趣领域以及技术知识，但可能缺乏实际工作经验，难以落实自己的想法。你需要支持、反馈和灵活性来完成任务。作为独立的个体，我们可能很有创造力并对很多事情的看法都是正确的，或者有"终极唯一性"的情况，但"单打独斗"并不足以在这个世界中生存——尽管"独行侠"有时能提出卓越的想法，然而他们通常无法完成一群大脑通过合作所能做到的事情。个人是非常容易犯错的。我们常常忘记常识，会犯错；但是，当我们倾听队友的建议和意见并与他们一起检查我们的工作时，就能防止犯下日后必须改正的错误。

> **小贴示**：当我们与他人合作去完成一个目标可能需要更长的时间，但结果通常要好得多，因为每个人都愿意去实现它。

如何发展更好的团队合作

改善团队合作与改善沟通的方法是一样的：练习！在家里，在学校，与朋友一起，在学习小组，以及在你目前的工作岗位上练习以下技能。

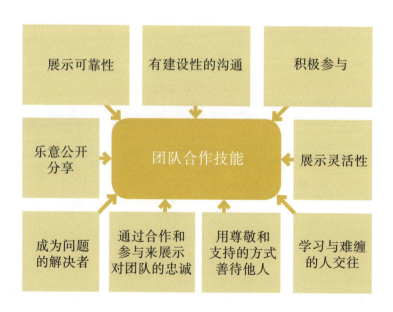

- 展示可靠性
- 有建设性的沟通
- 积极参与
- 乐意公开分享
- 团队合作技能
- 展示灵活性
- 成为问题的解决者
- 通过合作和参与来展示对团队的忠诚
- 用尊敬和支持的方式善待他人
- 学习与难缠的人交往

练习技巧

展示可靠性

对于那些有学习障碍的人来说，持之以恒、坚持不懈这一点应该很容易做到。对我们来说，准时到场，做我们说过要做的事情是很重要的。雇主希望他们的员工是值得信赖的，能在他们希望的时候完成他们想完成的工作，并且保证稳定的质量。这是一项可以弥补其他方面不足的技能。知道我们会一直在线并每次都能把工作做好，这一点对雇主来说非常重要。

> **小贴示：展示可靠性并且说到做到。**

故事

艾美（Emmy）在一家供应早餐和午餐的咖啡馆工作。她的老板工作非常努力，即使有几个小孩在家，也很早就来店里。艾美是一位习惯早起的人，她主动提出可以在早上排班，这样她的老板一周内有两天可以晚点来。几个月后，艾美得到了加薪，成为轮班经理。她的老板越来越依赖她了。

但是谁想早上7点钟去洗澡，然后穿着得体，吃早餐，开车去上班？如果能够睡到自然醒你会感觉好很多！但要保住一份工作，你必须能早起并每天按时出现在工作场所。如果你做不到的话，即使你在大学成功获得了学位可能也没有任何意义。

故事

戴尔努力去完成他所有的任务，他第一个任务是在早上8点或9点。为了让自己能顺利完成一天的任务，戴尔采取了以下步骤：

1. 确定自己需要多少睡眠（通常需要8个小时或更长时间）以及他早晨必须几点准时醒来（想一想他必须执行的所有任务），然后经过计算，确定什么时间上床才能获得适量的睡眠。
2. 他设置了闹钟（通过手机或闹钟时钟）。
3. 他制定了一整个晚上的例行洗漱安排：熨烫的衣服，打包他的午餐，放好钥匙、钱包，还有他需要的其他东西，这样让早上的时间更加从容。
4. 他拜托其他工作人员在他没准点到的早上打电话给他。

戴尔的一个重要动力是他的主管对他工作的绩效评估。戴尔真的想成功并且获得好成绩。所以当他收到出勤和守时"需要改进"的反馈时，会非常失望。但是，这让他更有动力并且更加努力，后来他获得了"一般"的评价，之后随着他的进步，获得了"中等以上"的评价。

戴尔不时也会犯错并睡过头。大多数时候，他能认真地处理这件事，打电话给他的工作主管，如果错过了班车时间，就乘公交车去实习地点。但是，戴尔曾犯过几次重大错误："不打电话，也不露面"。这是一种足以被解雇的情形。当实习主管打电话询问他在哪里时，戴尔就不得不承担后果了。

幸运的是，戴尔的实习场所知道他正在面对一些个人的困难，他们愿意帮助他度过困难的时刻……但在他得到有薪工作之前，向他人证明他的可靠性是至关重要的！

建设性地沟通：
积极倾听和提问

　　交流可能是孤独症谱系年轻人面对的最大的挑战之一。上一章中，我们谈到了有良好的与雇主和同事沟通技巧的重要性，但需要提醒自己的是，创造一个开放的氛围，对团队的工作能力非常重要。所以，每当你在工作时，请务必进行目光交流，使用恰当的语气，并认真聆听，重复你的雇主或同事所说的话，要确保你们两个人在同一频道上。如果你有什么不理解的，鼓起勇气去问清楚，让自己理解。

> **小贴示：** 提问问题和明确答案都是明智之举，因为它们能使你理解你所不知道的东西。

故 事

　　老板告诉斯坦（Stan）要把早上即将送到商店的需冷藏和冷冻的食品分别放好。老板说他会在下午晚些时候返回。当订单到了时，斯坦注意到箱子是冷的，顶盒上的标签显示为"黄油"，于是他把所有盒子都放在冰箱里。他的老板回来时，注意到整个订单的货品都放在冰箱的冷藏室里。那些底部清楚地标着"冰淇淋"的盒子已经全部融化了，都毁了。当斯坦的老板告诉他分别需冷藏和冷冻的清单时，他如果认真倾听了，就可以避免这个错误。

积极参与

　　完全不参与和过度参与之间存在一个平衡。而一些孤独症谱系障碍的年轻人几乎对任何形式的交流都存在困难（尤其是面对面的口头交流），其他人则由于信息过多而感到困扰。听过这样的抱怨吗？"他喋喋不休地说个不停"。作为工作团队的成员，你需要懂得平衡。例如，如果你是"职场上的新手"，那么你应该等一等，参与之前先听一会儿。如果你讲得太早或讲得太多，可能会疏远其他团队成员。另一方面，你也不能一直躲在后面，总是保持沉默。当你产生有价值的想法时，不说出来，你对团队就失去价值了。

　　这是一个微妙的平衡，你必须使用所有社交思维技巧，必须读懂你团队成员的那些非语言暗示。你必须能够推断他们什么时候希望从你这里获得信息。你必须能够准确地解读他们的回应，知道他们是要你继续说还是停下来。你需要学习"办公室政治"。谁说了算？ 谁容易被冒犯？谁很自负，总是很要面子？跟哪个同事应该用什么样的语气？什么时候人家只是幽默而不是认真的？所有这些都会影响你在团队中的效率和形象。一种解决方案就是在团队内外寻找可以指导你且把你引到正确方向的盟友。

> **小贴示：** 确定谁可以协助你完成工作。

故事

对于雪莉（Shelly）来说，积极参与很容易——实际上是太容易了。作为一名招生助理，她愿意分享一切，并相信其他人也愿意听。不幸的是，事实并非如此。在会议中，雪莉经常插话，说她自己的观察和建议。她会经常打断那些正与学生、家长及专业人士交谈的招生人员。雪莉每次说完都充满活力并相信她做得很好！而招生人员却沮丧地走开了，他们不能说完他们要说的话或表达他们的观点。别人虽然欢迎她的积极参与，然而，占用或浪费大家的时间，过度参与、打扰他人太多是不可取的。

在工作教练的帮助下，雪莉学到了根据她的听众（主管，或是同事，或是朋友）选择怎样分享以及分享多少信息（例如，转述客户互动的概况，而不是进行详细的目击者式的描述）。她变得更尊重他人，用"这个时间可以吗？"或"你有多少时间？"这样的问题询问他人的意见。如果她的老板在重要会议之前只有五分钟，而她需要给他作跟进汇报，她现在知道哪些重要事情必须快速传达并快速给出概述，而省去不必要的详细说明，例如，某人头发颜色，他们在吃什么类型的冰淇淋，和诸如此类的细节。

——詹妮弗·科拉里克（Jennifer Kolarik），职业协调员，CIP 布里瓦德

公开和自愿地分享

在大多数团队中，把你的想法保持透明和公开会使团队和你自己受益。在团队中，愿意帮助他人、与他人合作是最应该做的事。如果你认为某人想抢你的功劳，那么你应该只在团队内部分享这些想法，而不在外面与非团队成员分享。寻找你认为可以安全地与之分享想法的团队成员，当你在会议之外表达这些想法时，他们会尊重并认可你的想法。

故事

肖恩（Sean）在团队环境中十分胆怯，不会自我推荐，但他会与他的同事弗兰克（Frank）自由地分享自己的想法。一次员工会议中，弗兰克分享了肖恩的一个想法，并把它说成是自己的。当弗兰克得到老板的认可后，肖恩很生气，但他很被动，什么也没说。肖恩的老板知道此事后，派他去学习 6 周的夜间课程，课程内容基于戴尔·卡耐基（Dale Carnegie）所著的《如何赢得朋友与影响他人》一书。这帮助肖恩获得了信心，并学会了在会议上发言和维护自己。

展示灵活性

灵活性可能是与他人合作时最重要的技能。你可以在很多领域展示灵活性，例如做计划，提出工作要求，帮助你的队友，根据人事或程序变化做出调整。尤其重要的是对他人关于如何完成任务的想法保持灵活和开放的态度。每个项目都可以用很多方法完成，我们必须听取和评估各种观点和想法，这可能会产生比我们认为的既定解决方案更好的处理方案。

保持灵活性并不意味着放弃你的创意，但你应该以一种让别人能够看到其价值的方式与他人沟通。如果他们认为你的想法不是最好的，那么你可以谈判、妥协或接受新想法，暂时放弃你的方法。你的想法可能超出了团队理解的范畴，或者你可能没有明白你的建议的缺陷。在大多数团队里富有建设性意见的辩论是很好的，但是当你坚持你的解决方案是唯一的解决方案时，那么你最好有事实和逻辑支撑，要么就放弃。

> 小贴士：对他人的想法保持开放和灵活的态度。

故事

乔治（George）的上司遇到了一个问题，关于第二天即将到达的一个快递，而那时她必须到学校去接她的儿子。乔治无意中听到上司与另一名员工在商量解决方案，于是他提出由他多待半个小时接订单。乔治的上司非常感激他的灵活性，甚至告诉他早上可以多睡一个小时晚点来上班。

通过合作和参与来显示对团队的忠诚

敬业的团队成员能把事情做好，并且不需要强迫。他们能理解他人的需求，并尽其所能使相关人员的流程更加轻松。想一想你正双手拿满东西准备开门，一个同事主动帮你开门的时候；或者更好的是，他们甚至问你车上是否还有更多东西，他们可以帮你搬进来。合作和参与的技能不仅需要社交思考（你的同事可能需要什么？）而且需要主动，预判需求，并在有人问你之前提供帮助。

有时你必须与那些你不太在乎或感觉不亲近的人一起工作，但是你必须排除情感因素为了共同的利益工作。雇主希望能够很好合作的雇员一起按时完成任务。如果有人不断争吵或破坏团队，整个流程就可能受影响。秉持人人为我，我为人人的态度，你就会赢得同事的支持并且影响他人。

你可以与他人建立伙伴关系和联盟，互相支持以实现目标。这些都是互惠互利的协议，合作伙伴双方都朝着自己的目标前进。

故事

合作是加里森（Garrison）的强项。他在动物园实习时不仅能完成指派给他的工作，而且他总是问主管还有哪些地方需要帮忙。因此，他们不仅仅派他干动物照管工作，而且还干些杂工或深度清洁工作。反过来，这让他有更多的机会加强并拓宽他的工作技能范围。他们开始把他看做是"解决问题先生"。他通过让大家知道他总是会提供帮助，成了大家公认的团队的宝贵成员！

——詹妮弗·科拉里克（Jennifer Kolarik），职业协调员，CIP 布里瓦德

成为问题解决者

如果预判有些问题可能会妨碍团队实现其目标，那么就试着一起帮忙去解决它！一些小事情对团队自由、不受干扰地工作也很重要，例如，安排会议室，确保那里有所需材料，沟通日程表变更以及通知其他人重要的信息。

> **小贴示：积极主动地寻求解决方案。**

故事

蒂姆（Tim）在一家回收厂工作了两个月。他注意到雨天时外面回收箱里会灌满了水而且必须先倒空再处理。他还注意到在大楼的一侧有一个很大的悬挑，用来存放底部有孔的塑料盒子。

每天早上，员工们都要和首席卫生工程师阿克曼夫人开10分钟的"站立"会议。一天早上，蒂姆建议如果他们将回收箱移到屋檐下，把底下有洞的塑料盒子放在户外，那么他们就不必再清空回收箱里面的水了，而且这样可以保证要回收处理的物品是干的。这个建议得到上级的认可并得

以执行，使团队的工作效率更高了。蒂姆由于这个建议获得了当月雇员奖。

　　主管们一直在寻找这样的员工：他们不仅能完成被指派的任务，而且能在没有被告知的情况下完成任务，并寻找额外的方式来解决工作中遇到的问题。你必须首先意识到主管有这样的需求，然后有足够的信心去主动满足这一需求。主动去做团队之外的一些工作，或承担领导角色来组织或完成一项任务，这些都会让你成为团队中宝贵的一员。下一章　"解决问题与批判性思考"中会有更多的相关建议。

小贴示：成为有担当和有解决问题能力的人。

故事
　　伊桑总是会指出一堆问题，他总是唠叨在工作中哪些哪些地方有问题。他的主管听腻了这种没完没了的话，最后在工作中为所有员工制定了一条新规定。主管说："从现在开始，如果有人在员工会议上提出问题，那么他就必须提出至少两种可能的解决方案供我们参考。我将根据你为工作所付出的才能和知识给你支付报酬。你们都有头脑和解决问题的知识储备。"问题就是这样解决的！

用尊重和支持的方式善待他人
　　保持适当的距离和尊重的语气在团队中很重要。有些人可能会开玩笑，但是如果那不是你的强项，你最好保持积极、支持的态度与他人交谈，并保持尊敬的姿态。开玩笑时我们可能会冒犯他人，尤其是在我们和别人熟识之前，以及了解这个团队情况之前。不要听八卦或传八卦，你永远不知道谁会把你说的话告诉谁。

故事
　　凯西（Kasey）是佛蒙特州的一名学生（也是一名费西合唱团的铁粉！），她在针对孤独症谱系儿童的营养计划项目的工作中很受欢迎。对和她一起工作的其他员工及她的客户，她总是不吝赞美。她不与别人争斗，不传八卦，她赢得了所有员工的信任。当她在员工会议上发言时，别人都会认真听，因为她已经赢得了他们的尊重。

　　使用合适的语言对我们中的一些人来说是非常具有挑战性的，他们可能会在私下和同事使用随意的语言，但随后在工作场所又要使用正式的语言。你可能会发现要从随意的方式转变为较正式的模式是很困难的。

故事
　　马克（Mark）总是爱说脏话。他在工作场所并不这样，但有一天他不小心说漏了。他的任务是给当地企业打电话，宣传当地商会提供的服务。如果电话没有应答，他应该留下语音信箱。有一天留言时，他心慌意乱，说错了话，不幸的是因为愤怒脏话脱口而出。听到这句脏话的人被马克的不礼貌惹怒了，打电话给了马克的CEO。
　　CEO和马克坐下来聊了一会儿以后，同意再给他一次机会。他们为马克提供了额外的电话培训，并在一段时间尽量减少他的手机互动。这绝对是一次马克永远不会忘记的学习机会——他努力学习使用礼貌语言和工作语言，不论在工作场所或在实习地。

　　——詹妮弗·科拉里克（Jennifer Kolarik），职业协调员，CIP布里瓦德

学习如何与难相处的人打交道

你可能需要与不尊重你的主管和其他不尊重你的员工打交道。有些可能就是不喜欢你——而且你可能也不喜欢他们。这个处境会很困难。你可能需要寻求主管或管理层的建议，找出解决工作中的难题的方法。

故事

理查（Rich）正在参加培训，他想成为一名大型零售商店的保安。他被分配了两个伙伴：布拉德（Brad），一个大块头中年男子，他不爱交流；还有斯坦（Stan），一个六个月前被雇用的更年长一点的人。斯坦是个"什么都知道"的人而且喜欢没完没了地说话，讲糟糕的笑话，说其他员工的闲话。值班两日后，理查感到不知所措。他不知道该怎么办。他们作为一个团队见他们的上司时，理查也没办法说出他的困扰。

又过了一个星期，理查要求调整时间安排，并与他的主管谈到了他的情况。他婉转地要求将自己换到另一组，并礼貌地解释了他的原因。他的上司理解了他的困扰并将他派到了另一支经验丰富且安静的保安团队。

故事

迈克尔在一家出版公司当文员，不得不和主编菲顿夫人密切合作。她是个非常精明、有学识的女人，而且她也很慷慨、很善良，但如果她知道部门里有人犯了错，她会很在意，并当着团队里其他成员的面直接批评。

迈克尔非常害怕自己会犯错，并让菲顿夫人展现出"邪恶的一面"。他要求与人力资源主管私下交流，说出了自己的顾虑，并寻求面对这种情况的建议。人力资源主管给了他一些建议并表示他不是第一次听到这种情况了。几个月后，菲顿夫人收到了公司总裁的言辞比较犀利的反馈之后，突然辞职了。

练习

团队合作

毕业生招聘者协会在他们的文章"21世纪毕业生的技能"中透露，团队合作能力是应届毕业生的十大弱项之一。然而如果雇主们想要企业成功，就必须高度依靠员工的团队合作——而有效的团队必须由具有不同特征的员工组成，他们将以不同的方式为公司做出贡献。

以下特征对于成为一个好的员工非常重要。对照一下你的优势。你可以向潜在的雇主描述这些特征，以说明你为什么会成为很好的队员：

- [ ] 我是一个很有组织性的人，善于按时完成任务。
- [ ] 我能帮助他人找到不同观点之间的折衷方案。
- [ ] 我会为团队提出新的想法。
- [ ] 我在团队中担任记笔记的工作。
- [ ] 我会提出关于做事的新方式的建议。
- [ ] 我对自己的方法持积极态度，并能考虑他人的想法。
- [ ] 我支持并称赞其他团队成员。
- [ ] 我用笑声来消除团队工作中的压力。
- [ ] 我会探索所有的可能性。
- [ ] 我尽量保持与小组成员之间的和谐关系。
- [ ] 我是一个乐观主义者，总是看到积极的一面。
- [ ] 我可以担任发言人，传达小组的调查结果。
- [ ] 我通常会领导并协调团队的工作。
- [ ] 我会跳出常规提出解决问题的方法。
- [ ] 我会鼓励团队成员积极地努力工作。
- [ ] 我总结发言内容，并与团队分享我的笔记。

评估自己的团队精神

	总是	有时	从不
上班时说闲话？			
寻找工作上的解决方案？			
向他人提供帮助？			
在背后说某人坏话？			
发表支持性言论？			
提供协助？			
发表令人沮丧的言论？			
说出自己的想法？			
准时参加会议？			
积极倾听别人的想法？			
赞美同事？			
接受批评？			
为自己的想法而战？			
展示灵活性？			

第三章

解决问题和批判性思考

> "如果我们只是等着其他人或其他时间来做出改变，那么改变不会发生。我们就是自己等待的那个人。"
>
> ——巴拉克·奥巴马

学习如何理性地解决问题是获得成功必不可少的素质。在工作中，在人际关系方面，在公共场所任何有人类的地方都会有问题出现。学习如何处理问题对你生活中的方方面面都会有帮助。最解决问题的技能是通过日常生活和经验建立起来的。但我们不能依靠反复试错获得这些技能，虽然雇主可能会有耐心，但他们也只能容忍一定量的错误，否则他们就会辞退

你。使用理性方式解决问题的能力将帮助你获得想要的结果。

执行以下步骤时（停下来，观察，深思熟虑，行动），请记住保持理性的心态。如果有冲突或问题出现，你需要与你的雇主和同事交流，保持面部表情冷静和中立的态度。和任何与你交谈的人进行眼神交流，并且说话清晰，谨慎，不带情绪。不要大声喊叫或哭泣。让人了解这个问题的实际情况而不是你的意见。在你们双方谈话后，你可以协商并提出使所有人满意的问题解决方案。准备好妥协：你可能无法获得你想要的一切，但你会在一定程度上对此解决方案感到满意。

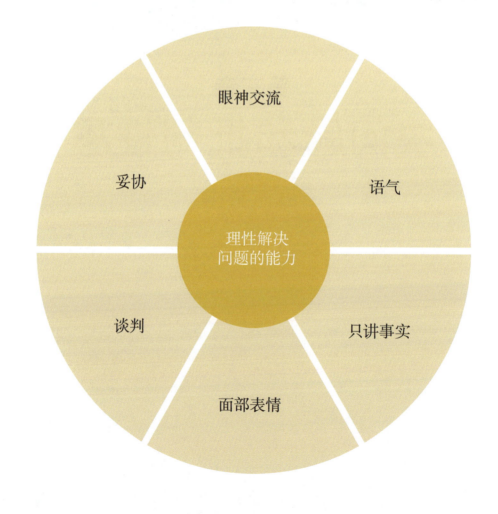

如何停止，观察，深思熟虑，行动

将你的大脑想象成一台活的生物计算机，一边计算一边学习。你所有的同事都具有独特的生物计算机，有独特的能力和能量。有时，科学家将一系列计算机串联起来使计算机获得处理复杂数据的能量和能力。你可以使用其他生物计算机的信息和问题解决能力，做出可靠的决策，利用周围的人帮助你解决那些你自己无法独立解决的问题。

首字母缩写词 SODA 可以帮助你提高工作中的批判性思维和决策能力。如果你被卡住，不知道如何处理一个问题时，那么，我们就说，"采用 SODA"找到一个好的解决方案。

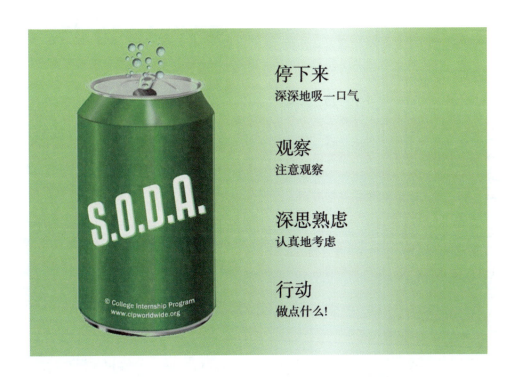

停下来
深深地吸一口气

观察
注意观察

深思熟虑
认真地考虑

行动
做点什么!

停下来

在问题解决之前，你需要停下你正在做的事情，并冷静下来，这样你的耳朵和意识就能不被干扰地去理解当前发生了什么。停止思考任何其他事情，专注于听清楚、想清楚。这可能很具有挑战性，通常是非常痛苦的过程，但要尝试着不带担心和焦虑地认清情况。我们遇到的障碍和我们必须作出的改变只是生活的一部分。保持冷静并解读形势将为可能的解决方案敞开大门。对成长过程必须保持开放的态度。

> **小贴示：** 对待正在发生的事情，要客观看待，不要情绪化。

故事

曼尼（Manny）已形成了一套度过每一天的模式。当他的时间表设定好时，他就很舒服，但像我们大多数人一样，对他来说克服障碍是非常具有挑战性的。曼尼在当地的食品仓储店实习，每一天他都知道上司对他的期望是什么。在他培训期间，曼尼向人们展示了如何用长的锯齿状绿柄刀切面包。他在这方面做得很好。他小心地拿着刀片将面包切成均等的小块，这他给上司留下了深刻印象。

每天工作，曼尼都从切顾客试吃的面包开始，但是有一天他找不到绿柄的长刀了。曼尼遇到了挑战。他想取悦老板又害怕做错，他没有寻求帮助，而是等着，盯着未切的面包，站在装满刀子的抽屉旁边。当他的上司上班的时候，已经二十分钟过去了，曼尼没有做任何工作。在他的绩效评估中这件事有很不好的反映，但那只是一个学习的时刻，后来他的工作教练与他一起解决了这个问题。

——查尔斯·卡尔普（Charles Culp），职业协调员，CIP 布鲁明顿

- 有效地使用收集到的信息，明确到底发生了什么。
- 定义问题的特征。
- 评估信息和情况。
- 将问题分解为更小的、更可控的部分。
- 明确问题。
- 有时问题看起来仿佛无法解决，但经过仔细审视，我们可以发现这根本不是问题。

> **小贴示**：就像情景喜剧《法网》（Dragnet）中的侦探常说的那样："只需要事实。"

故事

就曼尼的情况而言，他需要停下来，观察他周围的情况（抽屉里的刀具，其他员工等）。他的上司什么时候到？几分钟后吗？是否还有其他情况或状态可能会对当前的情况产生影响？

观察

试着观察你周围发生了什么，谁在场，发生了什么以及你和其他人对这种情况做出了什么样的反应。

- 系统地收集信息：谁？什么？什么时候？在哪里？
- 在脑海里或纸上核对并梳理你的数据（就像试图重现犯罪现场一样！）。
- 压缩和整理信息。
- 看得远一点；有哪些因素会影响这种情况？

深思熟虑

你已经通过分解和分析对问题进行了批判性的思考。现在，为了确定期望的目标并提出最佳解决方案，你需要深思熟虑。

确定目标

如果你能按照自己的方式去做，那么最好的结果是什么？你的主要目标是什么？你努力要完成的是什么？

确定最佳解决方案

- 考虑各种方式来处理和解决问题。
- 进行头脑风暴并列出所有你可以想到的解决方案（在你的脑海中，或者，如果有时间的话可以写在纸上）。
- 批判性地审视你可能的解决方案。
- 与可信赖的导师讨论解决方案（使用下面的驴子规则）。

- 评估并选出解决问题最适合的替代方案。
- 查看一下解决方案的缺点／障碍／阻力。
- 看一下解决方案的优点／效果。
- 查看每个解决方案的可能后果／局限性。
- 如有必要，再次使用驴子规则并对你的导师们分别进行咨询，看看有哪些共识。

驴子规则

假如5个人都说这是一头驴，
那么它就不是一匹马

假如5个你信任的人在同一种情况下给你相同的建议，
那你应该采纳他们的建议。

练习

选择导师

　　关键要素是，在做出决定之前，尤其是在重要的情况下，挑选五个人（导师，顾问，老师，家庭成员或成熟的成年人）咨询重要问题。

　　五位我可以信赖的良师益友：

1. _____

2. _____

3. _____

4. _____

5. _____

故事

在曼尼尽力观察情况之后，他本可以仔细考虑一下可能的解决方案。或许他可以先做别的事，然后在他的主管到了以后再回来切面包？也许有一把类似的刀只是手柄颜色不同呢？也许可以向其他工作人员或雇员询问刀放在哪里了？也许他可以问其他员工他应该怎么做，或问几个人，找到一个解决方案？

行动

将解决方案付诸行动！让问题累积起来是灾难的根源。就像一个月不洗碗一直放着！你不知所措，无法面对或不知道从哪里开始。每天解决出现的问题并且习惯正面迎接挑战对你的情绪健康很重要。

雇主希望看到主动性，但是你的计划需要考虑周全，否则可能会弄得更糟。与其他员工一起实施你经过深思熟虑的想法通常是最好的方案。行动分为两个部分：首先，实施解决方案；然后，监测结果。

故事

更好的情况是，经过深思熟虑或使用驴子规则后，曼尼采取了行动。如果其他几位员工说："在找到那把绿色手柄的刀之前，就用你可以找到的最合手的刀吧"，那么在主管到达时，曼尼就可以完成他的工作，并且那时候他可以向主管解释情况。要么也许他们会建议其他措施，例如发短信给主管或先做其他的重要任务。无论如何，他都应该采取行动：如果完成了其他工作，主管通常也会对他的主动性表示赞赏。

实施解决方案

- 采取行动之前确定是否需要收集更多的信息。
- 制定分步计划。
- 确定所需的资源（工具，时间，金钱，材料等）。
- 集合你的资源。
- 实施第一步，然后下一步，然后再下一步……

监测结果

评估解决方案的结果很重要。你需要知道你的解决方案是否有效以及你是否需要多做一点其他的事情或下次做出一些改变。

- 问问自己：所选解决方案是否解决了问题？
- 问问自己：问题是完全解决了，还是仍有遗留问题？
- 必要时实施第二解决方案。
- 回顾问题和解决问题的过程，以避免将来再次出现类似的情况。（为什么一遍又一遍重复相同的不成功

的解决方案呢？记住愚蠢的定义就
是一遍又一遍地做同一件事，并期
待不同的结果。）

小贴示：逐步完成。

故事

曼尼回顾了他不采取行动的结果并
看到了后果。下次他面对这类困境时，
他就会使用SODA提出并实施解决方案。
然后，他的绩效评价就会写道："表现
出解决问题的主动性。"

练习

解决问题

写出一个在工作中、实习或社区服务中你可能会遇到的并陷入困境的情况。然后使用 SODA 确定可实施的一些解决方案。

问题情况：

_____

_____

S: _____

O: _____

D: _____

A: _____

练习

问题解决工作清单

写出五个你在实习或工作中遇到的问题。然后描述你应对每种问题所实施的解决方案。与你的职业支持小组或工作教练分享你的策略和技巧。

实习/工作中面临的问题	采用的解决方案

第四章

主动性和领导力

> "荣誉不属于那些批评家，而属于实干的人。"
>
> ——西奥多·罗斯福[4]

如何发展主动性

在实习和工作主管对孤独症谱系障碍者有关工作表现的反馈表中，首要提出的是需要改进主动性。孤独症谱系障碍者经常发现他们的舒适区是听指令。一旦你完成了所有的工作任务，如果由于主管没时间或主管要你自己确定下一步做什么，导致你无法询问主管下一步该怎么做，你可能会发现如何采取主动很有挑战性。

主动性是指向他人展示你有自发的天性，在与他人合作时能采取积极主动的态度，并且在克服日常困难时能坚持不懈。在工作中应显示出主动作为而不只是被动反应。组织希望个人能够采取行动，而不是等待别人告诉他该做什么。

故事

莉莉安（Lillian）是一位很有创造力的学生，她在咖啡店工作了几个月。她会很早就到，把咖啡店里的奶油、糖、龙舌兰糖浆、搅拌器和其他东西都摆好。她注意到，当为顾客在收银台前点单时，其他已点完餐的来取奶油等咖啡添加剂的顾客只能在一旁等着。她主动把桌子移动到收银机旁的空墙边。她在桌上铺了一块新桌布，并放了一块小黑板，用彩色粉笔在上面写下"甜蜜你的一天"这句温馨的话。

老板来的时候，莉莉安带她到桌子边说："我认为这会有所帮助，但是如果你希望我将其移回原处，我就移回去。"老板对她的主动感到高兴，她将桌子向左调整了一英尺，然后说："这看起来很棒。谢谢。"

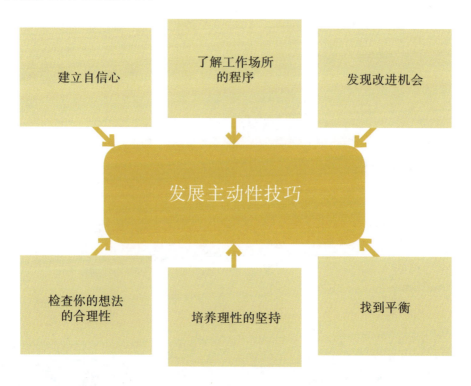

建立自信心　　了解工作场所的程序　　发现改进机会

发展主动性技巧

检查你的想法的合理性　　培养理性的坚持　　找到平衡

练习技巧

建立自信

发展在此书章节中讨论过的技巧，（例如沟通，团队合作，解决问题和批判性思维）对于建立自信有很大的用途。有了这些技巧，职业档案以及其他在本书结尾处帮助你建立的文档，就可以看到你所有的成就和所有能力。记住你是班级或工作团队中的一名宝贵成员。

了解工作场所的程序

花点时间，尽可能多地了解在你就业的地方是如何运作的。正如上面莉莉安的故事中讨论过的，关于你的工作场所如何运作以及管理系统你知道的越多，你就越能看到什么任务需要完成，注意到什么时候出现了问题并且知道如何解决它，发现某人需要帮助，并帮助他们，而且知道该询问谁下一步该怎么做。

发现改进机会

如果你在工作场所发现问题或发现自己没有工作要做，请使用 SODA。问你自己或你的工作教练：这个问题怎么解决？我如何才能参与问题解决？如果你无论怎么努力，似乎都无法完成任务，问自己或你的工作教练：我必须具备哪些技巧才能提高我的工作能力？

检查你的想法的合理性

在行动之前，请确保你的解决方案是正确的。记住 SODA。

培养理性的坚持

如果你一遍又一遍地做同样的事情，没有得到任何结果，这是不理性的坚持。更改你的方法以获得结果——不要放弃尝试。成功在于做好每一件小事，一遍又一遍地做正确的事。

故 事

本（Ben）正在做一项打字测试，可以记录他的打字速度和错误率。他参与了六次打字测试，错误率仍然很高。当他的工作教练对他说，他速度很快，但需要在减少错误率方面下功夫，他表示自己在测试中不知道他可以改正，因为他的工作教练没有明确告诉他，他可以纠正错误。如果她没有告诉他，他就不知道。类似场景一次又一次地在工作场所发生。

本一遍又一遍地做同样的事情，期待不同的结果。他早就应该自己主动改变，而不是等着别人来改变自己的行为。如果在工作中遇到问题或者你无法实现目标，那就应该主动采用 SODA（停下来，观察，思考和行动）。在一两次测试表现不佳时，本应该停下来重整精神；观察到他的问题是打字错误太多；思考纠正错误的方法（例如是否可以在他参加考试时修改错误）；在打字出错时采取及时改正的行动。

——詹妮弗·科拉里克（Jennifer Kolarik），职业协调员，CIP 布里瓦德

找到平衡

在保持积极主动的同时还要保持团队精神。有时候我们不应该对没有思考清楚的事情采取行动。如果你不确定是否应该在某些地方主动采取措施，那么行动之前，与别人——同事、导师、工作教练或主管探讨一下。

故事

当我们的学生弗兰克（Frank）获得文书助理职位时，他非常渴望取悦他的新老板。有一天，他看到工作似乎有些滞后，他就主动把办公室里写完信的信封粘了起来。他以为自己这是发挥主动性而且也进行了前瞻性思考；然而，他事先没有询问他的上司，所以他不知道邮件并不完整，在密封之前还需要放一份文件进去。因为提前封好了信封，他无意间给公司增加了数小时的额外工作。他以为自己是"做事主动"，但实际上他对这个办公室里的工作流程还不够了解。

弗兰克决定进一步了解管理链条和办公室的工作方式（请参阅"了解工作场所的程序"）。他了解到，如果有空闲时间时，问问还有哪些工作需要做是一个惯例。弗兰克知道了主动很好，但前提是留意手边的任务，与他人交流，并学会正确地做好他的工作。他的职业协调员给他提供了五项任务，如果完成了指派的工作，他可以继续做这五件工作。这些任务是他的雇主同意并认可的。

如何建立领导技能

领导是引导一群人的行为。但是，成为领导者并不意味着你必须在工作中获得领导或上级的地位。下面我们描述了如何成为一个领导者，不论处在什么位置上。

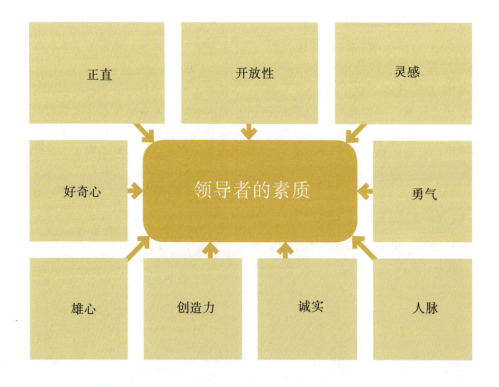

领导者的素质

- 正直：自己的言行与你坚信的原则和道德保持一致。
- 开放性：认真倾听他人的话。
- 灵感：通过行动而不是你的语言树立良好的榜样来影响他人。
- 好奇心：提出问题并寻找新知识。
- 勇气：足够勇敢，积极主动。
- 雄心：有提升和渴望成功的愿望。
- 创造力："突破常规"思考问题。
- 诚实：说实话。
- 人脉：与他人建立联系。

小贴示：**按照你内心的想法表达出来，不要言不由衷。**

故事

尽管山姆（Sam）不认为自己是领导者，但他丰富的工作经验和技能让他在实习期间，在大学的科学实验室很快发挥了他的领导作用。其实，实习后仅一个学期内，他就获得了带薪职位。当员工和志愿者需要帮助时，他们经常来问他："这是正确的方法吗？我应该怎么做？"山姆开始列出任务优先级清单以帮助他们确定工作任务的优先顺序。上司要求他培训所有新的志愿者和员工，因为她相信他会做得很好。每次上司去度假时，就把他列在咨询联系人名单上——并且规定志愿者们只能在山姆上班的时候工作。

即使山姆没有正式的头衔或位置，但他就是一个"后备"领导人。他的头衔与他所指导的其他员工一样。在一项绩效评估中，他的主管说，希望他多发挥领导作用……他将此话记在心里，仿佛给他亮了"绿灯"。因此，当工作人员或志愿者坐在附近不知道该怎么做时，不等他人来找他，他就会主动指导他们，即使没有被告知要这样做。他目前正计划转到当地一家医院里的另一个带薪岗位，并开始考虑如何帮助其他员工和志愿者为他离职做好准备。他已经写了很多标准操作程序（SOP）——分步骤的说明，以帮助其他同事执行流程。

山姆也一直主动给他的同事们传授那些"隐性课程"，包括他们主管的偏好（或不能忍受的事）。例如，他有一个同事，每件小事都跑去告知主管，这可能使主管既浪费时间又不堪重负。他建议这位同事先考虑考虑管理链条，求助于他或另外的同事而不要首先告知主管。建议他的同事记下他所有的问题，每天给主管汇报一次，而不要几分钟一次去汇报。

——詹妮弗·科拉里克（Jennifer Kolarik），职业协调员，CIP布里瓦德

练习

主动性和领导力

组织一小群人。对于以下每种情况，提出一个你可以实施的解决方案：

你的办公室有几名员工患了流感，其他人则在抱怨这种症状。你会做什么？

_____

_____

当地报纸上提到一名雇员被评为当地红十字会年度最佳志愿者。你会怎么做？

_____

_____

客户正在使用员工洗手间，使它变得脏乱不堪。你会怎么做？

_____

_____

自从街上新开了一家新餐厅，你的餐厅的客流量减少了。你会怎么做？

_____

_____

第五章

规划和组织

"社会的运转需要组织和规划。"

——迈克尔·麦克曼蒙[5]

你进入工作世界时，关键是向你的雇主证明你会进行优先级安排，能够高效、高产地工作，并很好地管理时间。在本章中，我们将帮助你发展规划和组织技能，这是掌握执行功能所必需的技能。

如何规划和组织

规划和组织是执行功能、或认知活动（以大脑为核心的）诸如逻辑、策略、问题解决、信息处理和行为控制等的支柱。作为孤独症谱系障碍的一个个体，我从自己所面临的挑战中了解到，赶截止时间、规划时间、安排自己的工作有多困难。当

小贴示：杰出是每天不懈的努力，优先处理最困难的任务，完成以后再做你喜欢的事情奖励自己。主动面对而不是害怕处理问题是一种习惯。

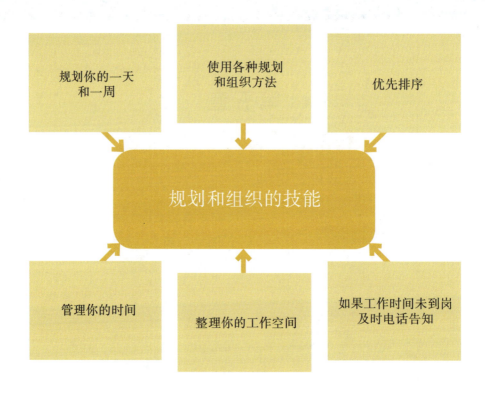

规划你的一天和一周

使用各种规划和组织方法

优先排序

规划和组织的技能

管理你的时间

整理你的工作空间

如果工作时间未到岗及时电话告知

故事

迈克（Mike）被诊断出患有注意力缺陷障碍，他在一个办公室里担任孤独症谱系学生的档案管理经理。他有良好的社交能力，并与他的学生相处得很好，但是他很难在办公室里坐住、优先安排任务、以及完成他的文书工作和报告。

迈克决定尝试一些方法来改善他的执行能力。当他需要从办公室里出来休息一下时，他有时会和他需要交谈的学生一起在街区走动。为了帮助他集中精力，他在当地的心理学家那里完成了15次生物反馈治疗。他使用了安排工具和日历对每天的工作进行优先排序，他的书桌慢慢变得井井有条。他把报告和长期项目分解开，每天完成其中一部分，他用每个工作日的最后半个小时，安排第二天的工作。在星期五，他在最后一个小时进行彻底的清洁和整理，以便他可以安心享受他的周末，并顺利进入下一周的工作，开始新的生活！

练习技巧

计划你的一天和一周

你第一次开始工作或实习时，你的主管会交代一些必须完成的任务，每项任务需要多少时间，以及何时必须完成这项任务。达到这些要求是你工作中的主要目标，所以你需要计划工作时间，以便完成任务。设定目标并创建一个完成目标的时间表。每天早上，确定哪些任务最重要以及按时完成它需要做什么。如一项任务需要花五个月才能完成，如果员工有目标，有可以遵守的时间表，那么就可行得多。这可能意味着每两周要向雇主报告一次进度，直到实现目标。

> **小贴示：** 每天从你的主管那里明确优先任务，然后先着力完成那项工作。

故事

一本书的出版商给我定了交稿时间。我们首先列出这本书的大纲（前言、章节、结论和结尾）。我们将每章分解出小标题。我们决定在每个小标题内对相关主题、提示或建议、相关故事以及练习进行撰写。

然后，我们分摊工作量，每两三个月开一次会，花两天时间来撰写和编辑。在整个过程中，我们让市场营销部助理把文档编成出版格式，制作图表等。之后整理了一份完整的文件，再让编辑进行处理，统一语言风格，检查拼写和语法，并给我们提供一些其他写作思路。该过程的最后一部分是重新阅读几遍书稿，修改它并使语言更通顺，然后再将其提交给出版人。

> **小贴示：** 花点时间计划一下你一周的工作。

练习

准备工作清单

使用此表格在每个傍晚或早晨进行自我安排。

	周一	周二	周三	周四	周五	周六	周日
背包整理好了吗？							
手机充电了吗？							
钥匙？							
笔记本电脑？							
笔和纸？							
早餐准备了吗？							
午餐打包？							
小吃带好了吗？							
衣服摆好了吗？							
闹铃设置了吗？							
汽车加油了吗？							
天气状况？							
其他							

使用各种规划和组织方法

　　每个人都有自己的方法来计划和规划会议和各种活动，例如台历、挂历、日志，做清单或手机笔记。即使你今天正在使用的方法，也可能会因工作和工作环境的不同而变化。例如十年前，我只在一个地点工作的时候，用的是台历。现在我四处旅行，我的日历就在我的智能手机里，无论我走到哪里，都可以随身携带。最好随时了解可以帮助你进行规划和组织的小程序和新闻应用程序。

> 小贴示：优先安排最难做的工作。

优先排序

　　与你的直接主管讨论哪些任务最重要。你也许认为某项任务可能重要，但综合考虑完全部所有短期和长期项目，你也许会发现它可能就不是最重要的了。做一个短期和长期的清单对你有好处。例如，早上我打开日历查看当天需要参加的会议列表，但我还有一些长期的，需要在某些截止日期之前完成的项目，所以我每天要计划花些时间在较大的项目上。我将每个项目分解为一小段，然后计划每天完成一小段。

> 小贴示：学会确定哪项是最重要的任务。

故事

　　为了完成一个像写一本书一样的项目，我不得不要求自己一天花半小时写作！很多时候每天都有很多事情要做，所以对待办事项和工作任务进行排序非常重要，这样我就可以留出时间写作。有一些日子几天无法写作，我就通过多写一两个小时来弥补。我最喜欢在飞机上写作（正是我写这篇文章的地方！）。它让我有不被打扰的时间，有足够的噪音让我保持清醒，而噪音和周围人活动的量又刚好不会分散我的注意力。另一个我可以不受干扰写作的地方在我墨西哥山上的家里！

练习

优先列表

按照对你来说重要的程度，依次写出你的短期和长期优先事项。

短期	长期

管理自己的时间

雇主期望任务能够及时完成，因为他们付给你薪水，就需要得到回报。建立精确的时间管理表，可以帮助你跟进预约、任务、会议和截止日期——帮你保持进度并指导你避免在最后一刻匆匆完成任务。你的时间管理可以提高效率并使你节约大量的时间和金钱。当时间管理成为一种习惯，你会感到完成任务的压力变小了，并期待着将任务从工作计划时间表上逐项划掉。时间管理工作表详见下文，它可以帮助你确定优先顺序。

小贴示：工作时效率高可以让你有更多的空闲时间享受工作以外的生活。

故事

安妮是总调度员。她知道自己记住事情有困难，所以她有好几个日历，贴满了生活中每个领域的相关标记。当安妮到中心来交流时，她总是显得忙碌而慌乱，总说她每天都没有足够的时间完成任务。当讨论得到一份实习或工作的重要性时，单单是想到要把这件事列入她的时间安排中都会给她造成很大的压力和焦虑。

经过一段时间的培训，安妮才意识到同时使用多个日历，很容易造成混乱。多个日历，会导致发生重复预约或错过重要的约会。于是，安妮开始专注于有效记录和跟踪事件，并只用一本一直随身携带的日历来提醒自己。我们建议她在日历上写出她所有个人的、学校的以及工作的相关提醒，包括截止日期、预约、事件、考试和提醒。自从使用那个日历后，她很快意识到自己能够有效地管理自己的时间，减少了她的很多压力。她意识到自己每天还有很多未使用的时间。

——米歇尔·拉姆齐（Michele Ramsay），职业协调员，CIP布里瓦德

练习

你的时间到哪里去了?

第1步:记录(记下你一天中做的所有事情)

上午7:00 _____

上午8:00 _____

上午9:00 _____

上午10:00 _____

上午11:00 _____

上午12:00 _____

下午1:00 _____

下午2:00 _____

下午3:00 _____

下午4:00 _____

下午5:00 _____

下午6:00 _____

下午7:00 _____

第2步：分析（选择五件最浪费时间的事，并写上所花费的时间）

浪费时间的事	时间量
1. ＿＿＿＿＿＿＿＿＿＿＿	＿＿＿＿＿＿＿＿＿＿＿
2. ＿＿＿＿＿＿＿＿＿＿＿	＿＿＿＿＿＿＿＿＿＿＿
3. ＿＿＿＿＿＿＿＿＿＿＿	＿＿＿＿＿＿＿＿＿＿＿
4. ＿＿＿＿＿＿＿＿＿＿＿	＿＿＿＿＿＿＿＿＿＿＿
5. ＿＿＿＿＿＿＿＿＿＿＿	＿＿＿＿＿＿＿＿＿＿＿

总数：＿＿＿＿＿＿＿＿＿ 小时　　　　　＿＿＿＿＿＿＿＿＿ 小时

第3步：改变（写下你要做的事情，按照重要程度进行时间安排）

1. ＿＿＿＿＿＿＿＿＿＿＿＿＿＿＿＿＿＿＿＿＿＿＿＿＿＿

2. ＿＿＿＿＿＿＿＿＿＿＿＿＿＿＿＿＿＿＿＿＿＿＿＿＿＿

3. ＿＿＿＿＿＿＿＿＿＿＿＿＿＿＿＿＿＿＿＿＿＿＿＿＿＿

4. ＿＿＿＿＿＿＿＿＿＿＿＿＿＿＿＿＿＿＿＿＿＿＿＿＿＿

5. ＿＿＿＿＿＿＿＿＿＿＿＿＿＿＿＿＿＿＿＿＿＿＿＿＿＿

6. ＿＿＿＿＿＿＿＿＿＿＿＿＿＿＿＿＿＿＿＿＿＿＿＿＿＿

整理你的工作空间

无论从事哪种工作，尽量减少杂乱就等于给完成工作任务减轻了压力。你可能需要关于高效的工作环境的直观视觉形象。如果你在办公桌前工作时，桌上只应该有必需品：钢笔、铅笔、便签、台历、记事本、订书机、胶带和计算机。如果你使用餐具室、厨房、储藏室或其他体力劳动空间，应该确保相似物品分组放置，这样你就知道每件东西在哪里，进而能够高效地在空间中活动。如果你主要用计算机工作——建立虚拟文件夹——组织好文件和项目，以便你可以迅速找到它们。同样，你的组织方法可以是个性化的，但是必须有条理，才能提高效率。

无法到岗时给主管打电话

有时我们并非故意或想要不到岗，但由于某些事你可能当天无法到岗或要迟到，这时你必须尽快致电告知你的主管，向你的主管询问他倾向的处理意见，并遵循以下准则。

- 询问你的主管，当你生病或有紧急状况时，可以用什么方式与之联系——工作电话、手机、短信或电子邮件。
- 询问他们什么时候联系比较合适。
- 将主管的电话号码和工作号码记在你的手机里。
- 要知道未提前告知就直接不到岗在任何时候都是不合适的。如果你没有电话，就借别人的电话或请别人代你打电话。
- 如果你感觉不适，请尽快致电告知你生病了，无法上班。

- 即使你是睡过头或身体不适或找不出好借口，也要打电话并解释情况。

> **小贴示：** 即使你只是迟到了，也要打电话告知。

故 事

克里斯（Chris）从无薪实习开始，最终成功地在退休生活社区里的厨房和餐厅找到了带薪工作。他当实习生的时候受到过好评，然而，他成为雇员后，一切都改变了。他突然觉得他自己工作不够快或不能完成足量工作。克里斯感到很有压力，不堪重负。所以我们安排了职业治疗师对他进行工作现场分析。

这个职业治疗师通过观察克里斯的工作，帮助他提高效率。例如，收拾干净的物品时，克里斯不应该一次只带几样东西，而应该尽可能在一个干净的托盘上多放几件东西，这样就可以减少要走的路。职业治疗师还建议将手推车放在他前面以减少不必要的时间浪费。克里斯遵从了这些最初的建议，但他仍然很纠结于工作速度并担心失去工作，因此职业治疗师进行了进一步分析。

其他建议包括以下：

- 听音乐消磨时间，减轻压力。
- 克里斯在清洗玻璃杯、餐具和器皿的同时，可以把锅碗瓢盆都泡上，这样更容易用手擦洗。
- 将装有脏物的推车拉到水槽边，节省时间且减轻工作量。
- 在家里练习银器分类，把餐具摊成堆，一次拣一种。

通过与职业治疗师合作，克里斯学会了对工作空间的安排和使用，工作速度和整体表现上都有了很大的进步。

——詹妮弗·科拉里克，职业协调员，CIP 布里瓦德

规划和组织的重要性

你可能需要同时完成几个目标和截止日期不同的项目，这在工作中是常会遇到的事。缺乏条理的人们可能会感到困惑，错过截止日期或在错误的时间执行错误的任务。唯一在工作中取得成功和高效的解决方案是：成为一个有条理的人。你必须下定决心改变旧的缺乏条理的习惯，而你的导师可以帮助你做出这些改变。有规划和组织能力将帮助你提升执行力，例如：

- 心里做好规划（记住要做的工作）
- 坚持完成一项任务或活动
- 记录你需要的物品和要做的工作
- 自我规范并表现出自控力
- 对你的行为进行自我监控

如果你缺乏执行能力，你可能在以下几方面存在困难：

- 你可能无法预测在工作中下一步会发生什么
- 缺乏灵活性／陷入困境／需要一成不变
- 没法参与或专注于工作
- 冲动（言语脱口而出）
- 管理和分配时间有困难（尤其是关于工作时间的安排）
- 不会分类各种物品／材料；常忘记需要带去工作的东西，或者你需要在工作中用的东西
- 很难执行多步骤或复杂任务
- 杂乱无章
- 缺少规划

练习

计划改进清单

以下是你可以在工作中采取的一些策略。

对你在工作中需要涉及的领域进行排序：1（最重要），2（重要）或3（最不重要）。

- ☐ 识别并安排任务或信息

- ☐ 使用日历（实体的和电子的）、"待办事项"列表、清单和时间表

- ☐ 协调人员、活动和细节

- ☐ 制定计划并设定目标

- ☐ 设定并执行时间表

- ☐ 参与问题并提出解决方案

- ☐ 制定切合实际的目标并采取行动实现它们

- ☐ 安排计划和工作的优先顺序

- ☐ 制定实施计划的指导方针

- ☐ 创建能使你的办公桌、工作空间和工作生活井井有条的高效体系

- ☐ 贯彻执行并确保任务完成

向你的雇主展示
你的执行能力

你可以通过多种方式展示自己的能力：

- 为做好工作，制定短期和长期的目标。
- 阐释你如何组织会议、任务或一个项目。
- 为公司志愿人员或社区服务项目制定计划。
- 为会议创建共享日历。
- 为群组创建共享文档项目。
- 创建一个小型培训手册，向其他人展示你是如何完成工作的。

小贴示：雇主希望有条理的人为他们工作。

故事

乔希（Josh）的老板需要的岗位比较多，工作变化也比较大，他必须不断再培训员工，为此他感到很烦恼。每项工作都有很多复杂的地方，需要大量的时间和经验才能完成。

乔希的老板决定采取积极主动的策略，给员工时间，让他们详细地写出工作描述，包括他们是如何完成工作的。他查看并进行改动，然后将工作策略交还给员工做进一步改进。

这个过程花了四个月的时间，收效显著。乔希的老板现在可以更好地了解每个员工的职位，掌握了最新的职位描述，通过与他们一起阅读这些文件，就能够更轻松地培训新员工。

第六章

自我管理

> "不断变化的自我才是活着的自我。"
>
> ——弗吉尼亚·伍尔夫[6]

　　每个月我都会对自己说很多次这样的话："我要对自己的情绪快乐负责。"我不需要通过期待某些人或某种情况发生变化才能开心，认识到这一点让我感到非常安心。　作为自我改变的根本，我们有改变自己感受的能力，以及改变我们对生活中出现的各种情况的反应。就像我的朋友阿尔（Al）说的，"我们遇到的所有问题都是源于我们自己，我们自己就是解决问题的方案。"　自我调适和自我情绪管理对于保持在工作、学校、家庭和公共场所中的平静是必要的。我们需要观察所有领域，分析哪些使我们处于平静状态，哪些导致不平静状态，然后改变我们现在的做法以获得想要的结果。

　　小贴示：积极行动，改变想法。

故事

　　在长大的过程中，我不知道该如何照顾自己。当然，我知道如何洗澡，穿衣服，打扫房间，做家务和家庭作业，但我对如何保持饮食平衡，如何睡觉，应该做什么运动，以及所有我现在关注的关于"保持健康的领域"都一无所知。

　　作为一个年轻人，我结婚生子了。工作、家庭和几个孩子带给我的压力让我失去了平衡。我甚至没有意识到我感官上的问题。我甚至都没想过某些食物会对我的行为和情绪状态产生影响。我也一直不知道我的睡眠模式会怎样影响我一天中的工作状态。

　　直到得出诊断，我才开始了解到这些事情对我的行为的影响，并且开始努力在这些关键领域照顾自己，建立健康的生活习惯。我开始上午在工作中吃健康零食，因为我会因低血糖而变得烦躁。我关闭了办公室里的荧光灯，在办公桌上放了一盏柔和的白炽灯。我一周做三次运动（最好是游泳），每次半个小时。我开始减少脂肪和糖的摄入，多吃蔬菜和水果。所有这些做法都帮助我保持了平静。

第一步

第一步是要了解自己的身体、情感和精神健康状况，并能够每天进行评估。使用 HALT（饥饿，愤怒，孤独，疲惫）方法来评估自己。

使用方法如下：如果你在某一个方面处在高位状态，比方说饥饿，你可以通过尽快找到蛋白质食品来解决。如果你同时有两个方面处于高位状态，那么你也许可以采取以下快速行动。比方说，你除了非常饿，还很孤独，你可以吃一些蛋白质，然后在上班或上学路上打电话给朋友。如果你同时在三个方面处于高位状态，这是危险信号，你应该停下手中正在做的事情，照顾好自己。如果问题严重，你可能需要给自己一段时间，散一会儿步或出门走走，尽量降低几个处在高位的状态。

如果所有四个方面都处于较高水平，则需要立即采取行动，立刻下班或放学，在某些领域里寻求帮助，或做几件事来降低你"沸锅"里的温度。再次强调，情绪快乐是你自己的责任，你不可以把自己的愤怒情绪带给他人，即使他们了解你，理解你的状态，但这都不是你不控制情绪的借口。

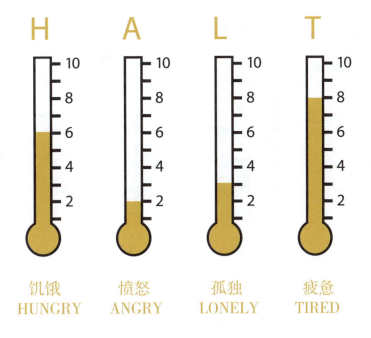

饥饿　HUNGRY　　愤怒　ANGRY　　孤独　LONELY　　疲惫　TIRED

练习

个人HALT检查表

复印这份检查表。然后用它们来判断你的情绪水平，在每个体温计上标上你当时感觉的相应数值，并与他人讨论你的答案。

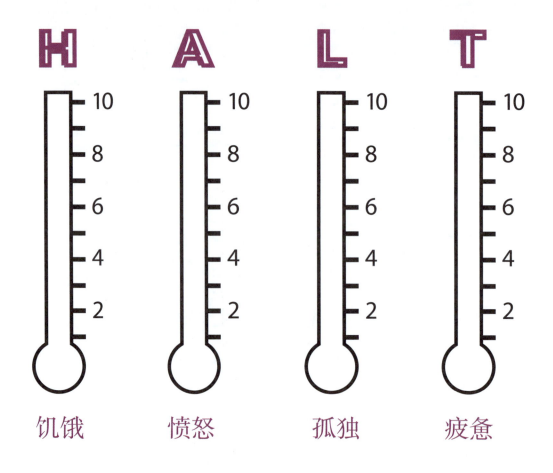

来自工作或学校的压力

当你进入工作或学校时，务必把你的问题留在"门口"。因为，你的雇主是为你的工作付薪，而你为他们的目标努力，你必须专心工作并主动地与他人建立联系。每个人都希望自己的工作和学校环境平静、愉快并富有成效。有问题的人就像吱吱作响的轮子，他们会得不到其他员工或同学的支持：他们会变得孤立无援，会成为首先被开除的人。

乱发脾气或反应过度会失去你成功的机会，因此，你应该使用在这一章中提到的预防策略来避免在工作中崩溃，杜绝问题发生。当然，即使你已经可以照顾好自己了，某些问题可能也会出现，这些都将是对你压力或焦虑的自我管理能力的测试。

> **小贴示：** 说话有分寸，谈吐要得体。

故事

玛丽（Mary）是一个被诊断患有阿斯伯格综合征、强迫症的学生，在寻找和留住就业机会方面，面临巨大的障碍。玛丽面对的主要问题是她太专注于那些她很难跨越的事情。她压力太大了，遇到问题就不知所措。

玛丽与职业咨询师讨论了她的问题和可能的应对方法。CIP 一直强调，如果学生首先认识并接受他们的诊断，那么他们就可以在各个方面取得进步。因为玛丽接受了她的诊断，我们就能够集思广益并为她想出办法，帮助她在工作场所对自己的压力和焦虑进行自我管理。

我们认为养成良好的饮食习惯，定期锻炼能中和玛丽在繁重的日程安排和实习中感到的压力。我们还决定把她的任务分为几部分并设置时间限制，防止她花太多时间在一项任务上而忽略其他任务。玛丽没再让担忧分散自己的注意力，她继续做手头的工作，在问题出现时把它们记下来，然后继续工作。当她有机会的时候，她会向她的主管询问她的问题怎么解决。在掌握了这些应对策略之后，玛丽成功地完成了服装百货商店、人道主义协会和她热爱的饲养动物的实习！

——香农·米勒（Shannon Miller），职业协调员，CIP 伯克郡

来自住所的压力

你的配偶或室友和雇主一样：想要一种平和、平静和相互尊重的氛围。适应两个或两个以上来自不同背景、有不同期望的人的生活方式，常常会带来压力，如果不加以管理，这种压力就可能会出现在工作场所。你需要以理性的方式解决问题，不带焦虑或恐惧的反应，你可能需要使用你以前没有学习过的新技能，例如谈判和妥协。

故事

坎迪斯（Candice）与几个大学室友同住时，学到了在住所内如何应对压力，虽然她会做好计划来完成她需要做的事情，但她经常被来自室友的困扰搞得心烦意乱，开始不断出现工作错过最后期限。之后她每天都不愿起床，功课越来越落后，越发感到压力和绝望。

坎迪斯的沮丧主要源于她对室友的期望值过高，而不是某一个特定室友的问题。例如，如果他们很大声说话或在做妨碍她学习的事情，她就会因为他们不做出改变而感到恼火，而不是考虑寻找自己调适的方式，例如去校园、图书馆或另一个安静的场所学习，戴着耳机屏蔽噪音，或者与他们协商以获得安静的时光。另外一件让她感到沮丧的事情是，她认为他们在生活目标方面的进步没有她进步的快，或没有她预期的那么快。

与室友打交道对坎迪斯来说是个每天面临的挑战，于是我们建议她制定相应策略，以应对这方面的挑战。首先，她要学会在需要的时候找一个安静的学习环境，此外，她还采取措施对自己进行全面的健康管理和情绪调节。当她感到越来越沮丧时，就去散步；保持规律健康的饮食，不吃垃圾食品。当她发现自己在任务安排中落后了，她就给她的学术顾问打电话或发电子邮件。她以积极的方式主动接近她的室友，而不以不健康的方式把问题内化，或直接抨击他们。由于坎迪斯一直努力控制化解来源于住所内的压力，她很快就可以完成她的学士学位了，这是她的一个长期目标。

——詹妮弗·科拉里克，职业协调员，CIP布里瓦德

如何处理压力

当你感到不堪重负时，你会失去信心并可能变得烦躁或退缩。这会使你的产出率降低，效率下降，并降低上学或工作给你带来的获得感。如果忽视压力的警告信号，可能会导致更大的压力问题。在平常的一天中，你可能会：

- 感到焦虑、烦躁或沮丧
- 对你正在做的事感到冷漠或失去兴趣
- 感到劳累或困倦
- 难以集中精力
- 觉得肌肉紧张或头痛
- 有胃部问题
- 使用酒精或药物来应对。

在家中、学校或在工作环境中，你不可能控制一切，但这并不意味着你无能为力，哪怕是陷入困境的时候。寻找缓解压力的方法不是要进行重大改变，搬到新的寓所或重新思考职业目标，而是更专注于你自己可以控制的一个要素：你自己！当你的需求得到满足后，你就变得更强大，更能承受压力。你感觉越好，就越有能力应对压力，不会变得不堪重负。下面有很多你可以采取的积极措施，有助于你的自我管理和情绪调节。

> **小贴示：要减轻压力，找到工作和娱乐之间的平衡。在闲暇时有哪些事情能减轻压力？那就去做吧！**

练习技巧

定期运动

运动是一种强大的压力缓解剂，即使它可能是你最不想干的事情。任何能提高心跳速度，让你流汗的运动，都是改善心情，增加精力，强化注意力，放松思想、身体和精神的有效办法。即使只是半上午或半下午绕着建筑物或地面行走，呼吸一些新鲜空气，也有助于减轻压力。

小贴示：即使是每周两到三次，每次20分钟的锻炼，都被证明对人体健康非常有益。

良好的饮食选择

选择合适的食物能让你精力充沛、继续前行，可以帮助你度过压力事件并避免情绪波动。应食用天然蛋白质和蔬菜，限制咖啡因、含糖果汁和苏打水的摄入量。

小贴示：随身携带健康零食，这样你随时随地可以吃一点。

充足的睡眠

压力和忧虑会导致失眠，而睡眠不足也会使你更脆弱，感到压力更大。休息好后，你就更容易保持情绪稳定，足以应付人际关系和工作场所承受的压力。改善睡眠时间的数量和质量，制定一个晚上自我放松的计划。晚上避免咖啡因和高糖食物。尝试睡前一段安静的冥想。关掉你的电子设备（计算机、平板电脑、电视、手机等）。

小贴示："早睡早起，可使人健康、富有成效且聪明。"

早点起床

早起一点，为你的日程安排腾出空间。可以放慢脚步或坐在门廊边喝杯咖啡，看着太阳升起或鸟儿飞来飞去。哪怕只有十分钟也会有很不一样的效果，让你从疯狂地冲去上班变成轻松地开始一天。

小贴示：每天晚上准备好你第二天上班要穿的衣服、午餐、小吃零食和饮料。

故事

这些年来，我养成了一个早起的习惯，可以帮助我平和地开始新的一天。早上醒来时，我通常会祈祷感恩。我可能会在床上躺一会儿，慢慢地说祷告词，爬下床开始活动之前，尝试慢慢地让自己冷静一下。我可能会钻出被窝跪着继续祷告一会儿。准备好必需品后，我点燃一支蜡烛用烛光照明，这能营造出一种安静的氛围，让我安静地在厨房里活动。我让狗在外面待着，过一会儿才让它们进来。

我准备一杯热绿茶，坐在厨房的桌子边，我用手握着玻璃杯来体会茶杯温暖的感觉，并自得其乐。我打开一本冥想书，阅读一段短文。然后我坐在那里，尝试冥想阅读，并且接受狗、车辆、任何其他运动的噪音，忽视掉那些声音和由此而产生的想法。我会喝茶，也许安静地吃些谷物，给自己定下一天的计划。有些日子这样做很有效，有些日子我完全或部分被扰乱，冥想也被打乱了。

我的目标是在一整天的各种互动中都保持以自我为中心的状态。有几天，我会整天记住我的目标，然后尝试采取行动。其他日子，生活中的各种不良刺激可能突然袭来，让我有点无意识地、漫无目的地度过一天，可能陷入恐惧或反应中。只要思考一下并保持冷静，我总是可以回到我的目标和平和状态中。

这个方法的一部分就是每周三次早上游泳，每天至少和狗狗一起散步一到两次，关注饮食的数量和质量，确保饮食能滋养身体并让我保持自我意识。

我平静地度过了一天，做些有必要放松身心的事，并为晚上的睡眠做好准备。我通过阅读或观看一些鼓励积极的人际关系和与他人接触的东西来滋养自己的精神，我会花一小段时间回顾自己的行为，以帮助设定第二天的目标。为了放松，我有时想象自己置身于阳光明媚的海滩，躺在温暖的毯子上，让身体沉入其中。我有时也想象有两只非常大的手，我可以躺在里面；对我来说那是上帝的双手，在保护我的安全。

制定均衡的工作日程安排

与你的主管分析你的日程安排，确保它是平衡的。看看你的日常职责和任务，并在需要时要求做出调整。只工作不休闲会令人倦怠。尽量在工作、家庭生活、社交活动、个人追求、你的日常职责与单纯的休息时间之间找到平衡。设定休息时间，并确定工作的优先级，这样能使你感到平衡且富有成效。

> **小贴示：** 在完成长篇报告之后，到外面休息或散步。

控制过度承诺

避免一天内将事情排得太紧或过多。如果你感觉过度承诺，那么找出一些可以放手的事情，将工作委托给他人，或寻求帮助，避免让自己感到不堪重负。区分"应该"和"必须"。删除列在表格底部那些不是必须完成的任务，或彻底删除它们。

> **小贴示：** 优质地完成三件事比低质地完成六件事更好。

整理你的生活和工作空间

变换家具的摆放以获得新的视野。整理你的生活空间，可为自己带来方便。设置一个安静的区域进行冥想、瑜伽或阅读。在工作中也可以这样做。整理你的工作空间以促进提高生产力和舒适度（例如购买辅助办公椅）。营造适合自己的工作环境。

> **小贴示：** 在工作场所中添加一些色彩或植物。当你感到无聊时，做一些改变。

减少杂乱

每天花几分钟时间收拾你的办公室、车、家里或办公桌。一次整理一个抽屉或一个柜子，使物品更好拿。清理垃圾或挡路的杂物。每天整理一点你的物品，几天后你会感到非常的放松。

> **小贴示：** 每天花五分钟整理东西或清理一张小桌子或一个小区域。

计划定期休息（不是终止）

在工作中安排短暂的休息时间（单独或与他人一起）。短暂的休息可以放松自己，并且能让你重新专注，提高工作效率。哪怕是短暂的散步或坐下来理清你的思绪也有帮助。也要计划休假或小假期；即使是在家度过的休闲时间，也可以用来关注自己的业余爱好或项目。

> 小贴示：尝试在不同的环境中吃午餐。把食物拿到休息室或户外野餐桌上吃。

抵制完美主义

完美主义是所有伟大想法和项目的杀手。坚持是一回事，但完美主义则是致命的。 接受并不完全如你所愿的结果可以极大地减轻你的压力。没有任何项目、情况或决策是完美的，因此要设定切合实际的目标，并愿意接受重新开始、修改或前进，并预料到事情不会完全按计划继续进行下去。要允许自己不完美。俗话说：没有完全正确的答案，只有接近正确的答案。因此要不断尝试新事物，不断完善自己的技能。

> 小贴示：如果你是需要完成一件事再做另外一件事的人，那就把一个项目留一半，先做些别的事情，然后再回来完成它，或者第二天再做。

不要试图控制自己无法控制的事

生活在不断变化，我们每时每刻都要转向下一个时刻。当我们接受并融入其中，生活就变得更加轻松。人们会做出一些让我们无法预料而且无法理解的蠢事，我们需要接受生活中大多数事情，我们控制不了其结果。接受是一种更快乐的生活方式，这并不意味着接受坏事，而不努力对它们采取行动；但我们可以接受面前的现实，然后尽我们最大的努力往前走。

> 小贴示：当生活扔给你一个柠檬，那就用它做柠檬水吧——很多的柠檬水！

扭转负面思维

有意识地采取积极的思考方式。找出每种情况的一线希望：哪些事情的发展是正向的以及哪些事情是你喜欢的。享受生活中的每一刻，如果你没有享受当下的生活态度，即使你的生活一切顺利你也不会开心。等待幸福就浪费了当下，为什么不享受现在的生活呢？尝试以积极的态度看待你的同事，强化自己的成就，即使别人不这么认为。

> 小贴示：在你的口袋里放一块"保持积极思维"的石头，或者把它放在办公桌上或家里的水槽前。

故事

2006 年，我在加利福尼亚州伯克利市的街上漫步，有些沮丧，情绪低落。我在试着建立一个中心，找一栋楼协商租约，面试员工，签约电话服务，以及完成无数的其他任务，这些都让我不堪重负。我面对的一直是自己的负面情绪，最后我告诉自己："迈克尔，你需要积极思考。"与此同时，我把目光转向了一家商店的窗台，看到窗台上有一块石头，上面写着"保持积极思维"。虽然我觉得有点愧疚，但还是把石头放进了口袋。我每次把手伸进口袋时都能感觉到那块石头。晚上我把它放在旅馆的床头柜上。它让我度过了一段艰难的时期，努力独自完成复杂的工作，它是一种有形的存在，提醒我保持积极。我在海湾附近发现了一些类似的石头，拿了一支记号笔，又多做了几块相同的石头。我把一块石头放在我捡到第一块石头的地方，并在浴室、柜台和餐厅的桌子上也放了几块。

现在我做了很多这样的石头，把"保持积极思维"的石头带到全美乃至全球的会议现场和演讲活动中。大多数人喜欢将它们放在桌子上、钱包里或他们的口袋里。

这些年来，已经有人告诉过我关于这些石头的精彩故事。一位瑞士女士说她嫂子得了癌症，她哥哥请她为他们寻找"保持积极想法"的石头，第二天他们俩得到了这样的石头。

为自己做出明智的决定

重视自己，做对自己有意义的事情。慢慢来，做出正确的决定。深入思考问题。让你的导师发挥作用，使用驴子规则（参见前面的"解决问题和批判性思维"一章）来做出好的决定。你有权利在快乐和放松的状态下，在对你来说合理的时间做出决定。

> **小贴示**：花点时间做重要的决定（请你的导师一起参与！）。

与朋友共度时光并出席社交场合

"没有人是一个孤岛"，我们不是生活在真空中。我们是一个社会物种，如果感到孤独和沮丧，我们就需要采取行动去改变这种状况。去看一部很棒的电影，安排与朋友见面，喝咖啡，或与朋友一起进行体育运动。别光坐在那里，做点事情来帮助自己。如果你忽略这一点，不仅工作效率会降低，也会使你的日常生活不那么快乐。

> **小贴示**：向自己承诺：其他人邀请你参加一个活动，你必须说"好"，除非你由于某些非常重要的原因实在去不了。

练习

你的自我管理计划

进行运动：

怎么做? _____

什么时候? _____

良好的饮食选择：

什么食物? _____

充足的睡眠：

什么时候? _____

均衡的工作日程安排：

什么时候? _____

控制过度承诺：

怎么做到? _____

安排好自己的生活和工作空间：

怎么做? _____

什么时候? _____

减少杂乱：

在哪里? _____

早一点起床：

什么时候？ _____

安排规律的休息：

什么时候？ _____

抵制完美主义：

怎么做？ _____

不要试图控制自己无法控制的事：

怎么做？ _____

扭转负面思维：

怎么做？ _____

为自己做出明智的决定：

什么？ _____

花时间和朋友相处并出席社交场合：

什么时候？ _____

第七章

学习的意愿

如何发展你的学习意愿

雇主想要的不是完美的员工，相反，他们想找的是有欲望不断学习、不断努力做得更好的个体。

> "犯错总比无所事事的生活好。"
>
> —— 萧 伯 纳（George Bernard Shaw）[7]

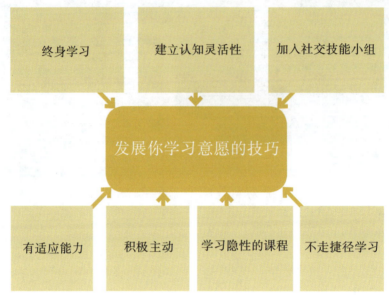

练习技巧

终身学习

终身学习是一种持续的、自愿的、自我激励的对知识的追求，无论是出于个人原因还是职业原因。因此，它不仅增强了社会包容性、公民的积极意识和个人发展，而且还提高了自我可持续性发展、竞争力和就业能力。它让你总是有兴趣提高自己，学习新知识和技能，并参与额外提供的培训。你获得的每个证书都会丰富你的阅历，提升你作为员工的价值。

建立认知灵活性

有孤独症谱系障碍的许多学生确实抵触变化，是因为害怕、自负，或是骄傲吗？我们鼓励你对新的话题和经历保持开放态度。生活经验就像一颗钻石，你仔细研究会发现，它有各种不同的切面，反射出不同的色彩。不论你的年龄多大，如果你每天都对自己和周围的世界有多一点儿的了解，就可以不断让你测试自己的潜力，从而通向进化道路上最重要的部分：自我发现和自信。

随着你的成长和发展，你会到达生命中某些关键的时刻，你会遇到超越你的能力的挑战（超越你认为你有能力应对的挑战），但是新的话题和经历会推动你前进。成长就像掌握学习新思想和新思维方式的意愿一样简单。世界上还有很多你不知道的东西，如果你乐于学习成长和探索，你可能会找到你真正需要的东西来帮助你增强自信，让你觉得你可以实现任何事情，从而取得成功的突破。当你敞开心扉的时候，你会发现自己是现实世界的一部分，而不是与现实世界相隔一段距离的孤岛。

对自我的了解有助于建立自信，但有时你会碰壁，这时你需要回宿舍睡一觉，或者玩游戏、看电影来分散注意力。这并不总是容易做到的，但目标应该是确定你在哪些地方变得抗拒，从一种心态转向另一种心态。

故事

马库斯（Marcus）喜欢互联网。他喜欢在手机上查找与科学、历史、政治和人类学相关的不同寻常的话题。有空闲时他也喜欢玩一两场游戏。马库斯是有目标的。他有开放的心态，愿意从他点击的话题和链接中学习。他愿意阅读任何文章（只要它的来源可靠）。马库斯把他从阅读中获得的信息存储在大脑中，与他这些年已经吸收的其他概念和想法结合起来。马库斯说话时会把他在学习中获得的信息用在他的谈话里。在对话过程中，他的想法可能并不是总那么自然流畅或有什么发展性思维，但是尽管如此，它们还是会引人思考。"但，这有什么好处？"有人可能会问。"这对马库斯的实习有何帮助？和他上的那些课，甚至与他在网上阅读的内容有什么联系？"

马库斯有一个优点，只要对某件事充满热情，他就能把学习的意愿转移到那些他原来可能不感兴趣的话题上。马库斯在他的集体学习工具箱里有一个很有价值的工具。他可以利用这种自我激励的态度来完成他的深夜论文和清晨考试。

学业支持教练喜欢与马库斯一起工作，因为他们知道怎样才能让他坚持下去。他们能够提醒马库斯，在他对所学的东西没有那么热情的时候，要运用自己的学习意愿，这对他非常有效。随着时间一天天过去，马库斯越来越能接受学习新事物，因为他要在截止日期前完成当前的课程。马库斯仍然需要很多支持，他带着学习的意愿和必胜的态度与学业支持教练一起工作。

—— 查尔斯·卡尔普（Charles Culp），职业协调员，CIP 布鲁明顿

加入社交技能小组

努力工作、开拓新的思维领域对你来说很重要。你可以通过经历些具有挑战性的事或与你周围形形色色的人交流来做到这一点。我们鼓励你去寻找那些精通某一特定技能且充满激情的人，并与之进行交流。吹玻璃工、电子游戏设计师和超验冥想教师能最好地将他们的职业与你直接联系起来。在一个社交技巧小组里聆听这些人的演讲是非常有益的。当你有机会与这些领域的专家讨论任何话题时，你都会对自己内在的真正潜力有一种全新的认识。

> 小贴示：加入社交团体，以增强你与他人社交的能力。

有适应能力

好的员工应该能够适应工作环境和手头的工作。对你来说，特别重要的是要学会适应组织文化。灵活并愿意与来自各种各样文化背景、不同性别、种族、民族和各年龄段的人合作也很重要。

> 小贴示：在工作的第一个月，你必须观察"办公室文化"并模仿人们如何互动，他们如何休息，何时吃午餐，怎么穿衣，如何接听电话等等。

故事

穆罕默德（Mohammed）是一位虔诚的穆斯林学生，来自沙特阿拉伯，朱尔斯（Jules）是一位说法语的来自阿尔及利亚的基督教学生。他们俩都在大学附近的一家地中海餐厅实习。

穆罕默德被安排在星期五晚上上班，朱尔斯被安排在周日早、午餐时间上班。穆罕默德想去清真寺做星期五礼拜，朱尔斯想参加周日早上的弥撒。当他们查看日程表时，朱尔斯建议他们换班并向主管进行了解释。两个来自不同文化背景的学生共同找到了适合彼此的解决方案。

故事

玛姬（Maggie）开始在一家大型律师事务所工作。她喜欢她的工作，但她必须做很多数据录入，这让她觉得很无聊。她意识到如果她想在公司的其他领域工作，她需要精通其他技能。她向雇主询问她可以做些什么来提升自己。

原来，该公司为希望能走到前台与客户打交道的员工提供周四晚上的客户服务培训。玛姬每周参加培训，并在雇主的建议下，选修了当地社区大学的法律课。一个学期后，她申请到了接待员职位，在这里她能够更直接地与客户打交道，感到更具有挑战性，并可获得更高的薪水。

为自己做出明智的决定

刚开始工作时，大多数雇主只会教新员工一些基本的知识，告诉他们如何正确地工作。然而，要在一个职位上表现出色，员工需要了解整个组织，其他部门的作用，以及工作中更先进的方面。

有些员工会请一位导师，或者只是让另一位员工给他们指点迷津。一些公司会提供培训机会和会议，员工可以利用工作时间或自己的业务时间参加。通常这些都是免费的。你应该利用这些机会。任何你在工作相关领域获得的额外技能和知识都会让你成为更有价值的员工。

学习隐性课程

在工作场所需要学习很多非官方的或"不成文的规定"。找出愿意给你指点迷津并愿意提示你如何避免棘手情况的同事或主管是很有好处的。那可能是你学会职场隐性课程的好方法。

小贴示：如果你不知道在工作场所的假期聚会上有什么着装要求，那就问问其他人。

小贴示：用好培训和项目的机会可以提高你作为员工的价值。

不走捷径学习

有时，我们必须学习一些很花时间且无捷径可走的东西。这些从来都不是很有趣，但是通常是必要的，而且经常是使我们成长得最快的路径。愿意向那些已经从痛苦中吸取了教训的人学习也是很有帮助的，可以帮助你从潜在的痛苦中解脱出来。这就像我们完全没必要重新发明轮子一样（除非它坏了）。

> **小贴示：你可以向更有经验的人学习如何在工作中避免犯大错误。**

故事

有时候，艰难的学习方式可能是专业成长所必需的。一个名叫詹姆斯（James）的学生喜欢与动物打交道的工作。他期待在当地动物园实习，并与顾客分享他对动物的知识和爱。动物园要求所有实习生、志愿者们通过指定的必修课，然后面试。在实习期间，有一个团队寻宝游戏，詹姆斯表示他不想参加。因为当他参与时，会不停地批评志愿者，甚至动物园管理员，他认为自己是对的，而他们的知识是错的。他甚至直接从别人手里抢下写字板。当他们要求他做某事时，他总给人留下喜欢争论的印象。

不幸的是，詹姆斯并没有意识到他在新人培训期间给别人的印象。他爱争论，不灵活，不善于团队合作，所以他没进入面试阶段。虽然这段经历令人很失望，但他知道自己学到了什么——是他以前真正不了解的东西。他理解了别人如何看待他是阻止他成功的障碍。

有了动物园的经历后，詹姆斯开始了另一个与动物有关的场所实习，但是他很快收到了主管类似的反馈，就像他在之前动物园得到的反馈一样。这个反馈使他意识到他需要彻底改变自己的方法，而且要快！第二天，他以全新的态度开始他的实习工作，那天他甚至穿上了新衣服并加强了卫生，以展示他想获得成功的意愿！

—— 詹妮弗·科拉里克（Jennifer Kolarik），职业协调员，CIP 布里瓦德

第八章

技术水平

> "从电话到汽车再到药品，技术触及我们生活的每个部分。如果你可以创造技术，那么你就可以改变世界。"
>
> —— 苏珊·沃伊切赫（Susan Wojcicki），YouTube 首席执行官 [6]

技术是我们在这个星球上生存发展的主要方式。你的技术技能对大多数职业都至关重要。任何时候如果你可以熟练掌握某个软件或应用程序的知识，你就可以提高自己对雇主的价值。

故事

布莱恩（Brian）还在当地大学读书时在一个有机农场实习了一年。他曾在多个部门工作过，包括喂养，浇水和照顾动物，鸡蛋的清洁、包装和繁殖。他向他的工作教练表达了对存货和操作收银机的兴趣。农场主同意他开始训练，如果他做得好，就雇佣他在下一个完整的赛季在登记处做一个有报酬的工作。这个农场主的商店正在准备启用 iPad 和 "Square" 信用卡支付应用程序。在工作的三天里，布莱恩在 Square 上创建了所有的类别，并把整个商店所有库存的价格都输入进去。由于技术娴熟，布莱恩被聘用负责一整季商店运营。

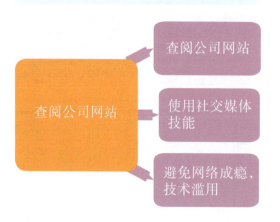

查阅公司网站 → 查阅公司网站 / 使用社交媒体技能 / 避免网络成瘾，技术滥用

查阅公司网站

现在，大多数企业都有网站。在你考虑工作职位之前，请查阅公司网站，并尝试尽可能多地了解公司业务。首先，它会让你知道这个工作是否适合你。其次，如果你进入面试阶段，那么对公司业务和公司网站有所了解，会让未来的雇主知道你真的很在意这份工作，了解公司的目标是什么。

故事

帕姆（Pam）毕业于社会工作专业，想申请一个社会工作者职位。她在当地一家报纸刊登的广告上发现当地一家社会福利机构招聘个案管理员的工作。她上网查阅了该机构的网站，发现该机构处理上瘾和酗酒问题。帕姆没有受过这方面的培训，对此也没有兴趣，所以她查看了在本地《节约每分钱》（Penny Saver）报纸上的其他广告，并找到了与一个儿童问题有关的机构的个案管理员岗位。她上网查阅这个网站，发现这个私人机构不仅做的是她想做的工作，还是一个符合她的价值观和信念的宗教组织。帕姆打去电话，接到了人力资源经理了解情况的电话面试。人力资源经理了解了她的背景并与她探讨机构的任务。帕姆表示这是一个她非常感兴趣的职位，符合她的价值观，并解释了她为什么要进入这个领域。

在预定的面试中，帕姆谈论了机构的目标，以及她如何契合他们的职位。她看了给她面试的执行理事的简介，了解了她的背景和经验。她还发现执行理事曾和她就读于同一所大学。所有这些准备工作帮助帕姆获得了这个职位。

使用你的社交媒体技能

社交媒体对于所有类别和规模的企业的运营和营销都起着重要作用。人们在网上做更多的工作和交流，不断地让客户知道有关事件、价格、折扣和其他信息。许多企业正在努力培育强大的社交媒体作为营销工具，扩大他们的网站访问量。网上销售正在抢占很大的市场份额，许多企业正在招人专门打理他们的线上和社交媒体的形象。作为一个青年人，你可能已经精通了这些领域。请务必在你的履历表中以及面试过程中展示出来。

故 事

凯特（Kate）从社区大学获得了计算机绘图证书，但由于对数学建模学习存在困难，她无法完成两年制学位。她在计算机图形设计公司实习了一年，做基本商业广告，以及一些网站设计，她善于在社交媒体上联络，不断在脸书（Facebook）、推特（Twitter）、照片墙（Instagram）和色拉布（Snapchat）上交流（不过她还是非常注意，不会在工作期间上网聊天）。

她实习过的那家公司招聘市场营销助理职位时，她申请了这个岗位。该公司有意聘用可以保持在线状态，经常更新脸书页面，在其他网站上上传动态，推广新产品，并可在线回答咨询的人。凯特真的很擅长这些领域，在面试中能够清楚表达，因此获得了这个职位。

避免网瘾和技术滥用

你自己的时间做什么是你自己的事。你如何安排你的工作时间就不由你了。时间就是金钱，如果你花费大量时间在工作场所打个人电话或进行社交，那么实际上你是在从雇主那里偷时间。而且，大多数雇主现在可以通过他们的网络技术部门看到你在哪里花了时间。并且你可能会因此而被解雇。

如果你使用公司电子邮件上非法网站，那么你有可能将病毒带入系统并对服务器造成严重破坏。你也可能因视频、游戏和其他内容使服务器超载，这可能会给企业带来麻烦。如果你想查看电子邮件或朋友的文本，你应该在休息时间或午餐时间做。因个人原因上网会影响你在工作上取得成功的机会，因为你花时间在任务之外而不是为公司做贡献。

管理工作中的个人上网时间

- 在工作时，关闭手机或把音量调至静音。不要在你的工作时间上网。
- 在工作中限制个人手机通话和短信。
- 遵守有关电话和互联网使用的办公室或工作规定。
- 避开那些可能会使病毒进入计算机网络的网站。
- 保护你的计算机密码并上报发生的任何安全问题。
- 定期删除所有不需要的电子邮件。
- 仅留下需要通过电子邮件联系的人，不通过电子邮件或短信分享任何重要或高度敏感的信息。通过"面对面交谈" 避免错误的交流和误解。
- 清理语音信箱，以便你可以接收重要消息。
- 确保你共享的电子邮件内容是适当的。避免发送政治、宗教或幽默内容，或抱怨。不要评论"办公室政治"。

· 不要让个人电话打扰办公室或妨碍开展业务，以及不要大声播放语音邮件。

· 将社交媒体设置为私人的。

简而言之，你应避免浏览任何与工作无关的内容。滥用上班时间上网会成为被解雇的理由。如果你觉得控制上网存在问题，那么你应该寻求工作以外的专业人士的帮助，或去公司的人力资源部寻求帮助。

故事

罗恩在高中时被诊断出患有阿斯伯格综合征和焦虑症。当他参加 CIP 时，我们不知道他还有过度使用电子设备的问题。罗恩时常把自己孤立起来，不和同学接触，也不约会，并且对于使用电子设备缺乏自制力。上网是他感觉最舒服的时候。在网上与那些不知道他面对的挑战或症状的人交流他感觉更安全，也不那么容易引起焦虑。

我们想要为罗恩提供成功机会，但我们知道，如果完全拿走他的电子设备，他可能无法应对外部世界，因为我们大家其实都已离不开工作场所、学校和个人生活中日常使用的技术和电子产品。一个有过度使用电子产品问题的人只是

需要学习如何自我调节和保持生活平衡。

我们与他沟通后达成一致，他同意执行几种策略。为了他能在正常的时间睡觉，罗恩决定在指定的时间里把所有电子设备交给工作人员，当他参加课堂活动和约会后，他可以增加上网时间来奖励自己。例如，如果他超过三天完成了五次预定的任务，他可以用电脑或平板电脑两个小时。如果房间干净，或他为室友们准备了适当的饭菜，他就可以在晚上增加一个小时的上网时间。通过与他的顾问、职业协调员和住宿人员一起合作，制定出工作中所需的策略，罗恩正在朝着独立自主这个目标努力。

罗恩慢慢地能够对他的网瘾进行自我管理，成了一名富有成效的学生和室友。他能够管理好自己的优先事项，成功获得了认证护理助理（CNA）证书。他热心帮助他人让他在当地养老院获得了在活动主管监督下的实习岗位。因为他在养老院工作的那段时间和经历，帮助他获得了一份认证护理助理的有薪职位。他目前在一家超市做兼职，和室友合租了一套公寓，还参加了当地的一个社交团体。

——香农·米勒（Shannon Miller），职业协调员，CIP 伯克郡

第三部分

就业工具包

第一章

创建职业及技能履历

现在你了解了自己的兴趣和可迁移的技能，以及雇主期望的八种技能，你就可以开始制作职业履历。 职业履历是一种工作模板——以一种直观的方式展示你的能力。它是一些代表你生活中与工作相关的事件的作品和材料的集合，通过展示你所取得的成就，证明你的潜在工作能力，它再现你的能力、技能、成就和成果。

职业履历不能取代简历，而只是丰富了简历的内容。职业履历通常在面试过程展示，不随简历一起发送。其目的是通过展示你已经完成的任务来表明你能够胜任工作。在线或者在文件夹中（或者同步）创建一个职业履历，越早越好。

一份职业及技能履历可以帮你：

- 为面试做准备
- 向别人证明你的能力、技能及品质
- 更清晰的沟通，引导你的面试对话
- 展示你的技能
- 说明你的工作成果
- 记录你的成就
- 评估你的职业生涯发展进程
- 表明你的工作喜好及学习方式

在向一位雇主展示职业履历前，先找找各种格式的职业履历范例。雇主感兴趣的是针对特定岗位的技能、能力、经验和个人品质，所以针对不同的面试，你应该专门制作不同的职业履历。

故事

天宝·葛兰汀是一位患有阿斯伯格综合征的女士，曾有关于她的电影和书籍出版。她研究了养牛场，并有了自己的设计。这种设计更高效、简洁，并且挽救了很多牛的生命——但由于她怪异的社交风格，她很难说服别人。电影《天宝·葛兰汀》中有她试图给几位养牛场的主管解释自己想法的场景。她根本无法引起他们的注意，所以她拿出了她的设计作品集。当她用图纸吸引了他们的注意力时，就凭借着该设计的高效性来营销自己的作品（一张图胜过千言万语！）。如果没有这个作品集，她根本无法得到这份工作。现在世界各地还在应用她的设计来建造养牛场。

职业及技能履历里有什么?

作品（artifacts）是任何可以体现你成就或能力的有形物，其中包括：

- 成就或结业证书
- 工作样本（你创建或制作的东西）
  - 艺术作品，写作范例，照片，报告，研究，打印品，图形，讲义，已发表的文章，邀请函，程序，小册子，传单或时事快报。

- 推荐信
- 工作单位或学校的评语
- 在工作现场或接受奖励的照片
- 在工作现场或发表演讲时的视频
    - 与你相关的文章
    - 你获得过的奖项
    - 一份关于你的想法或理念的陈述
    （例如，这就是天宝·葛兰汀在制
    定养牛场的计划时所做的事。她绘
    制了一组草图，描绘了她心目中更

人道的加工牛肉的系统。）
- 你个人创造的，用以总结或展现你
所做的事情的东西。
    ［例如，你举办过的工作坊的总结
    评估，你在参加的职业性培训课程
    中所达到的成就（例如心肺复苏技
    术结业证书），或者一个展示你对
    某项目所作贡献的图表］

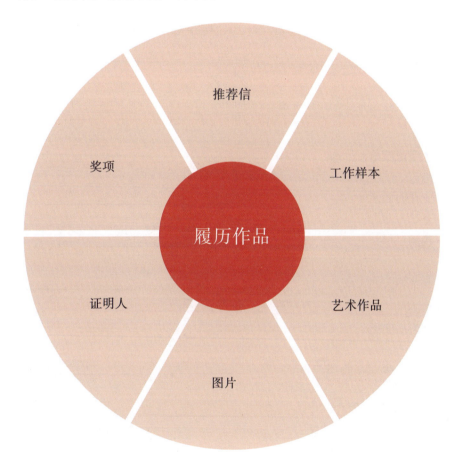

练习

履历制作清单

使用专业的活页夹或折叠式文件夹。使用干净的副本而非原件。用分隔页给内容分类。用标签标记每份作品。多使用图形和各种色彩。

作品：	强调了何种天赋/能力/技能：
☐ 所获证书	_____
☐ 推荐信	_____
☐ 工作单位或学校评语	_____
☐ 大学成绩单	_____
☐ 工作时的照片	_____
☐ 视频	_____
☐ 与你相关的文章	_____
☐ 奖项、成果	_____
☐ 个人想法/理念陈述	_____
☐ 工作总结	_____
☐ 工作样本	_____
☐ _____	_____
☐ _____	_____
☐ _____	_____

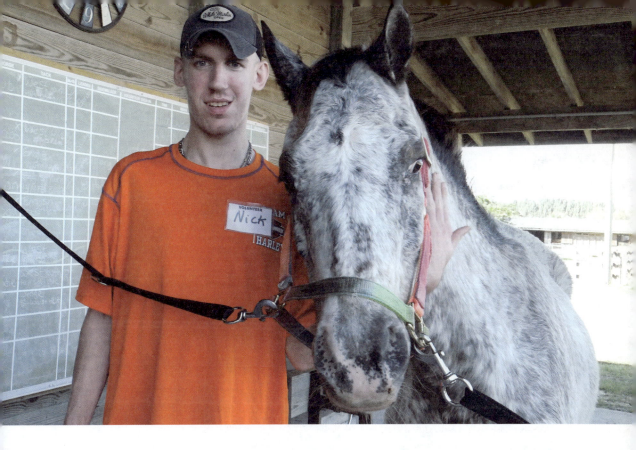

第二章

制作简历

简历是一份列有你的姓名、联系方式、教育背景、工作经验、实习和志愿者经历，以及任何你拥有的特殊技能的文件。潜在的雇主会让申请人提交简历，以便他们根据特定空缺职位所需的技能、经验和能力来筛选候选人。他们会浏览你的简历，并将其与他们收到的其他简历做比较，并邀请最有资格的候选人参加面试。制作一份好的简历是你在求职时要做的最重要的事情之一。其目的是突出你的技能并帮你在求职阶段进入面试。除了打印的简历外，你还需要制作一份电子版简历，其中应包含关键词，以便能在简历搜索软件上产生尽可能多的点击率。用强调的职位名词做文件名（可通过搜索软件搜索）并用雇主所要求的格式保存（.doc，.pdf 等）。网络简历还可以包括专业图形、视频短片、照片等传统简历不包含的元素。如果没有简历，你将失去大部分工作的面试机会。未来的雇主不会愿意在招聘会上和你讨论你的技能和工作经验。

在求职过程中，你还需要至少三个专业人士的证明，例如你的教授、前任主管或就业辅导员。这些人可能会接到电话，被问及有关你的工作质量，你如何与他人协作，或你如何应对压力等问题。

需要记住

- 如果你要申请竞争激烈的岗位，则你的简历需要聚焦在你的成果上；
- 对于初级职位，你应该突出你的长处、学业情况、参加的活动、成果及相关工作经验；
- 真实描述以往的工作，工作时长及工作职责；
- 通过真实案例来说明为何你是最适合该岗位的人；
- 制作专业、定制化的简历，确保文档内容清晰易读，格式简明；
- 在提交给雇主前，先让三个人阅读你的简历，并根据他们的建议做出修改；
- 应用关键词，例如主动的、有活力的、团队精神和自我激励等；
- 应用动词来描述你的工作：领导了、实现了、完成了、协调了、交付了、呈现了、解决了、组织了等；
- 记住征得证明人的事先同意，并要到他们的联系方式。

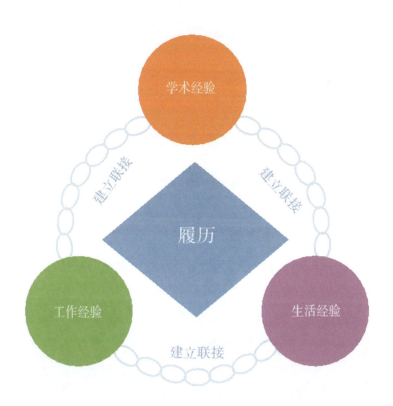

简历示例

玛格丽特·琼斯

5823 Bounty 巷

斯普林菲尔德，伊利诺斯州 , IL 23587

(516) 286–3490

margaretjones@cip.org

求职意向

应聘初级前台职位

教育背景

斯普林菲尔德高中，斯普林菲尔德，伊利诺斯州

预计 2017 年 6 月毕业

相关课程

- 办公系统、打字、计算机应用、记录

技能和能力

办公室用机器

- 十键加法机
- 文字处理 (每分钟 45 个单词)
- 复印机和传真机

计算机技能

- 个人电脑：Windows 10、Word、Excel 和 PowerPoint
- Macintosh：微软工作软件

人际交往能力

- 在斯普林菲尔德高中主要办公室担任过两学期办公室助理
- 为波利尼西亚俱乐部组织学生募捐活动
- 给养老院的老人读书，和他们一起下棋

兴趣爱好

- 喜爱阅读、绘画、锻炼和与朋友徒步旅行

可按要求提供证明人

练习

简历表

联系方式

姓名 _____

地址 _____

_____

联系电话 _____

电子邮箱 _____

教育背景

学校名称 _____

所在地 _____

学位 _____

相关课程 _____

在校时间 _____

学校名称 _____

所在地 _____

学位 _____

相关课程 _____

在校时间 _____

工作经历

单位名称 _____

所在地 _____

工作职位 _____

岗位职责 _____

在职时间 _____

单位名称 _____

所在地 _____

工作职位 _____

岗位职责 _____

在职时间 _____

单位名称 _____

所在地 _____

工作职位 _____

岗位职责 _____

在职时间 _____

实习经历

单位/组织名称 _____

所在地 _____

职位 _____

在职时间 _____

单位/组织名称 _____

所在地 _____

职位 _____

在职时间 _____

志愿者工作

机构名称 _____

所在地 _____

工作类型 _____

志愿者工作时间 _____

机构名称 _____

所在地 _____

工作类型 _____

志愿者工作时间 _____

可迁移技能

_____

_____

证明人

姓名 _____

机构 _____

职位 _____

地址 _____

电子邮箱 _____

工作电话 _____

手机号码 _____

跟你认识多久了? _____

证明你的什么能力? _____

姓名 ＿＿＿＿＿＿＿＿＿＿＿＿＿＿＿＿＿＿＿＿＿＿＿＿＿

机构 ＿＿＿＿＿＿＿＿＿＿＿＿＿＿＿＿＿＿＿＿＿＿＿＿＿

职位 ＿＿＿＿＿＿＿＿＿＿＿＿＿＿＿＿＿＿＿＿＿＿＿＿＿

地址 ＿＿＿＿＿＿＿＿＿＿＿＿＿＿＿＿＿＿＿＿＿＿＿＿＿

电子邮箱 ＿＿＿＿＿＿＿＿＿＿＿＿＿＿＿＿＿＿＿＿＿＿＿

工作电话 ＿＿＿＿＿＿＿＿＿＿＿＿＿＿＿＿＿＿＿＿＿＿＿

手机号码 ＿＿＿＿＿＿＿＿＿＿＿＿＿＿＿＿＿＿＿＿＿＿＿

跟你认识多久了？ ＿＿＿＿＿＿＿＿＿＿＿＿＿＿＿＿＿＿

证明你的什么能力？ ＿＿＿＿＿＿＿＿＿＿＿＿＿＿＿＿＿

姓名 ＿＿＿＿＿＿＿＿＿＿＿＿＿＿＿＿＿＿＿＿＿＿＿＿＿

机构 ＿＿＿＿＿＿＿＿＿＿＿＿＿＿＿＿＿＿＿＿＿＿＿＿＿

职位 ＿＿＿＿＿＿＿＿＿＿＿＿＿＿＿＿＿＿＿＿＿＿＿＿＿

地址 ＿＿＿＿＿＿＿＿＿＿＿＿＿＿＿＿＿＿＿＿＿＿＿＿＿

电子邮箱 ＿＿＿＿＿＿＿＿＿＿＿＿＿＿＿＿＿＿＿＿＿＿＿

工作电话 ＿＿＿＿＿＿＿＿＿＿＿＿＿＿＿＿＿＿＿＿＿＿＿

手机号码 ＿＿＿＿＿＿＿＿＿＿＿＿＿＿＿＿＿＿＿＿＿＿＿

跟你认识多久了？ ＿＿＿＿＿＿＿＿＿＿＿＿＿＿＿＿＿＿

证明你的什么能力？ ＿＿＿＿＿＿＿＿＿＿＿＿＿＿＿＿＿

练习

简历核对清单：要做哪些

☐　在简历上方写上你的名字、地址、联系方式和电子邮箱。

☐　选择合适的格式，包括整洁、专业的外观和易于阅读的字体。

☐　确保你的简历简明扼要，条理清晰，重点呼应你要申请的职位。

☐　确保其中包含：

　　　☐　你的教育背景

　　　☐　任何能够强调你成就的校园活动

　　　☐　任何与职业生涯相关的准备工作和培训

　　　☐　你的可迁移技能

　　　☐　你的工作经历

　　　☐　强调你能为雇主做什么的陈述

☐　确保你的简历没有错误——没有排版、拼写或语法错误

练习

简历核对清单：不要做哪些

☐ 不要在你的简历上标注日期，应该在求职信上写上日期 (关于更多与求职信相关的内容，请参见下一章)。

☐ 不要在简历中使用人称代词，比如 "我"。

☐ 不要在简历正文中使用缩写。

☐ 不要加入个人信息，如身高，体重，社会安全号码，驾照号码，种族，宗教，婚姻状况或政治派别等。

☐ 不要加入杂乱的细节，如薪资要求，你有几个孩子，爱好或运动喜好等。

☐ 不要有打字错误（否则相当于自动放弃）。

☐ 不要从招聘启事上复制大量的文字。

☐ 不要使用不适宜的邮箱地址，如 marienut（玛丽疯子）@...mail.com, partyanimal（夜店动物）@...mail.com, 或者cuteandlegal（可爱又合法）@...mail.com.

☐ 不要超过两页

☐ 不要用有装饰或鲜艳的色彩纸打印。

第三章

制作求职信

当你通过电子邮件、邮件或线上方式向雇主发送简历时，也必须同时附上求职信。求职信是你写给雇主，以强调你对该职位兴趣的一页长的信件。它可以作为对你简历的介绍，解释你为什么申请这份工作以及你的优势和技能如何能与你申请的职位相匹配。它应该以商务信件的格式打印出来，并校对拼写和语法错误。在没有求职信的情况下仅发送简历是不专业的。

需要记住

- 和简历一样，求职信是一种正式的文件，需要看起来很专业。

- 求职信长度不应超过一页。
- 它应符合商务信件格式，应按照以下顺序并包含以下信息：
  - 你的姓名及联系方式
  - 日期 （包括年月日）
  - 收信人的姓名和地址
  - 问候（例如："尊敬的……："""亲爱的……："）
  - 求职信正文 （两个简短的段落——工作经历／教育背景／技能）
  - 结束语 （例如："你诚挚的"或者"谢谢你"）
  - 你的签名
  - 你打印版的全名

求职信示例

萨拉・琼斯

1234 希望路，陶森市，MD 23456

(301) 555-0101

sjones@gmail.com

2017 年 1 月 7 日

山姆・怀特先生

阳光出版社，

101 柳树大道 , 纳什维尔 , TN 12345

　　亲爱的怀特先生：

　　我写信来是为了说明我对阳光出版社的编辑助理一职非常感兴趣。

　　我是一个非常注重细节的人，这对于核对事实和校对手稿的语法错误非常重要。语法和英语一直是我的兴趣所在，在我的整个学习生涯中，在相关课程上我都表现出色。除了注重细节外，我工作也很努力，且认为自己有责任心，值得信赖。我有信心成为贵出版公司有价值的一员。

　　我想更深入地了解这个职位，因为它与我的技能非常匹配。随信附上我的简历，供您参考。如有需要，我将提供证明人。感谢您百忙之中考虑我的申请。

　　真诚地，

　　　　　　　　　　　　　　　　　　　　　　　　　{签名}
　　　　　　　　　　　　　　　　　　　　　　　　　萨拉・琼斯

练习

求职信样本

你的姓名 _____

你的地址 _____

你的联系电话 _____

你的电子邮箱 _____

日期 _____

收信人姓名 _____

收信人地址 _____

问候语 _____

求职信正文_____

_____

_____

_____

结尾段_____

_____

_____

真诚地，

你的签名_____

你的打印版全名_____

第四章

填写申请表

大多数雇主会要求你填写申请表，这是一份可以向公司提供一些你的基本信息的文件，例如你的名字、联系方式、你的学校等。你需要整洁并准确地填写申请表。你可以把简历当作一个指南，因为它可以帮助你记住重要的信息，比如你的工作经历和证明人。

有时候你可以直接在雇主公司处填写纸质申请，但现在大多数申请表都在线上填写。不管你要填写纸质还是电子版申请，请确保填写的信息都如实陈述，真实可靠。如果你有不懂的地方，可以向你的老师、顾问、职业顾问、家人或朋友求助，并请他们帮你校对，以确保准确性，做到内容、拼写和语法无误。然后按照要求亲自到场、通过邮件或电子邮件提交申请表。

在线申请

你可以通过上网搜索某公司的网站来寻找该公司的招聘信息。找到他们的首页后，仔细寻找招聘链接。它可能在以下标题下：职业，就业机会，工作机会，加入我们的团队，开放职位或与我们一起工作。

一旦找到正确的页面，请仔细按照说明填写申请。有时你可以直接在网站上填写申请，并立即提交。有时你可能需要把申请表下载到你的电脑上，然后填写：

- 打印申请表（打印两份，以防万一！），手写，然后邮寄，或者本人交给雇主，或者把它扫描后，作为附件在网站上或通过电子邮件提交。
- 在电脑上填写，并作为附件在网站上或通过电子邮件提交。

纸质申请

有时你必须到你想要工作的地方实地填写纸质申请，如到商店或餐馆。这种情况下，一定要确保自己梳洗干净，穿着整洁。你需要给人留下良好的第一印象。可以在他们不忙的某个时间段拜访。有些企业也许更喜欢你一早在他们开始忙起来之前到，而有些更喜欢你在一天要结束时拜访。你可以提前给雇主打电话征询他们的建议。

进入办公地点后，找一个员工，等他有空的时候再开口。然后走过去对他说，"打扰了，我想要一份工作申请表，能麻烦你帮个忙吗？"（要两份，以免你填错。）在带着空白申请表离开之前，一定要说"谢谢"。当你到一个可以集中精力并且有人能帮你校对的地方时，再填写它。等你回来递交填好的申请时，同样的规则也适用：确保自己干净整洁，穿着得体，在他们不忙的时候提交，并且要有礼貌。

第五章

参加面试

面试是求职路上的一个关键环节。个人简历和职业履历质量很高固然很重要，但面试绝对是让雇主了解你个人的最佳机会。你必须为面试做好准备，然后才能以冷静、专业的态度展示自己，给潜在雇主留下你能胜任这份工作的印象。

模拟面试

请老师、就业辅导员或导师为你想要应聘的工作扮演潜在雇主，并进行模拟面试。认真对待这个过程。面试结束后，向你的模拟面试官征求针对你的答案和非语言行为的反馈。你甚至可以把模拟面试的过程录下来，然后和你的就业辅导员一起看录像。

一些模拟面试问题

- 你浏览过我们公司的网页吗？
- 请你做一下自我介绍？
- 你的学历是什么？
- 你有什么样的经验？
- 针对这份工作，你有什么样的资质？
- 你认为自己能胜任这份工作吗？
- 你最大的优势是什么？
- 你最大的劣势是什么？
- 你如何应对压力？
- 你为什么离开上一份工作？
- 你如何融入这家公司？
- 你的技能如何与这份工作相匹配？
- 你的薪资期望是？
- 你喜欢做什么？
- 为什么我应该雇佣你而不是其他人？
- 以前的工作中，你最喜欢哪一份？为什么？
- 你认为自己最大的成就是什么？

- 五年内你想做到什么职位？
- 你未来的目标是什么？

其他可能被问到的问题

- 你愿意出差吗？愿意调动岗位吗？
- 你愿意在晚上或周末工作吗？
- 你的动力是什么？
- 你如何描述自己？
- 你是怎么知道我们公司的？
- 你为什么决定面试这份工作？

面试期间你可能想问的问题

- 关于这个职位，我需要知道的最重要的事情是什么？
- 我在你的网站上看到……
- 在这个岗位上，最重要职责是什么？
- 会给我安排岗位培训吗？
- 在这个岗位上典型的一天是什么样的？
- 请给我描述一下一个成功的员工是怎样的？
- 晋升的机会有多大？
- 如何监督和评估员工？
- 公司提供什么样的薪水和福利？
  （一定要在最后再问这个问题，除非这些信息显示在广告上、网站上或由面试官提供。）

准备面试

除了模拟面试以外，还有些其他准备工作：

- 尽可能多地搜集你要面试的公司的信息（我只雇佣读过公司网页的面试者），并在面试过程中提及。

- 前往面试地点时借助手机地图，或者问路。如果有时间的话，可以提前一天去面试地点，确认路线和停车位等。

面试当天

- 根据工作环境着装。确保所有的衣服都熨平，没有褶皱。
- 提前 15 分钟到达。
- 在进入办公区前关机。
- 跟前台问好　（很多情况下雇主都会问前台对你的印象）。
- 多带几份简历和证明人名单，以防有多位面试官。
- 带上你的职业履历，在面试时做介绍。
- 离开前跟对方要名片　（这是一个要到面试官联系方式的好办法）。
- 面试结束时，感谢面试官提供了这个机会，并在离开时跟前台道别。

面试后

- 发一封感谢信　（可以用电子邮件的方式）。
  - 你可以谈谈你喜欢该公司的哪些方面
  - 提到你在面试时聊到的一些积极话题
  - 告诉他们你非常想在他们公司工作
  - 感谢他们为你花时间
- 如果一周后你还没得到任何回复，给他们打电话（就打一次），问问他们有没有做决定。

信息披露

如果你得到了面试机会，你需要考虑在合适的时机说明你的残疾（如果有的话）。

- 如果有以下情况，在面试前进行说明：
  - 需要面试问题的副本
  - 询问这栋建筑是否有无障碍设施
- 如果有以下情况，在面试时进行说明：
  - 需要宿舍以帮助你完成工作，并且需要和雇主讨论工作场所的相关问题
- 如果有以下情况，在开始工作后进行说明：
  - 你想在工作后再讨论你的残疾
  - 你意识到你的残疾会影响你的工作绩效

如果你在正式工作后再披露你的情况，你可能需要给人力资源部门递交一份披露函，并请求和他们开会，以确认宿舍能支持你完成工作。在网上搜索披露函样本，以及合理的宿舍要求。关于你合法权利的相关信息，可参考残疾人保障法。

第六章

为新工作做准备

做准备

在开始新的工作之前，你可以做几件事，让过渡变得更容易些。

- 回顾你的工作描述、员工手册以及其他给你的文件，了解工作要求。
- 提前几天开始早上早点起床，这样你就能习惯新的时间表。
- 在开始工作前一两天，做做演练，看你到底需要多少时间做准备，多长时间上班，以及在哪停车等等。
- 如果需要的话，购买公交车或火车月票，或停车贴纸。

了解着装要求

雇主通常会有着装要求，或发放制服，或要求穿戴一定的安全装备，或提出关于穿什么衣服的一般建议：

- **制服**：如果你的雇主给你发制服，一定要天天穿，并确保衣服干净无褶皱。你可能会被要求穿一身从头到脚的制服，或者只穿一件衬衫或者戴一顶帽子。此时要确保你其他部分的衣服也符合雇主的规定。
- **安全装备**：有时会有特定的安全方面的要求。例如，如果你是餐厅服务员，则需要防滑鞋；如果你是机械师，就得戴上护目镜。留意这些情况，并在必要时穿戴。
- **商务休闲装**：这听起来让人困惑，但一般来说，女士应该穿超过膝盖的半裙或连衣裙，或系扣衬衫，女式衬衫搭配剪裁得体的裤子。男士应穿有领的衬衫，正装长裤或卡其裤，并系腰带。想象一下你高中老师的穿着。
- **商务正装**：男士应穿西装打领带，女士应穿剪裁考究的裙装或裤装。例如，想象一下律师在法庭上的穿着。
- **休闲装**：听起来你可以随便穿，但你仍然应该是有品味的。不要暴露太多的皮肤，特别是你的腹部、胸部、背部和腿部。不要穿超短裙、背心，不要穿透明、或者有破洞或污渍的旧衣服。确保你的衣服干净，没有褶皱。
- **没有着装要求**：即使你的雇主对你没有着装要求，你还是要遵循着装要求。同样的规则可参考休闲装着装要求。如果你不确定，看看周围，穿和你同事相似的衣服。记住，个人卫生也很重要：你应该经常洗澡、洗头、刷牙、清洁手和指甲。

上班前夜

- 确保你的车加满了油，有公交卡、火车票，或者有足够买票的零钱。
- 如果能帮你在早上挤出更多时间的话，考虑在当天晚上洗澡。
- 定一个早早的闹钟，以确保你在上班前有充足的准备时间。
- 查看天气预报，看是否需要提早出发。
- 准备早餐，打包好午餐。
- 收拾你的包，装好要用的东西：充好电的手机，钥匙，电脑，笔，零食和其他工作时需要的物品。

工作第一周

第一印象对你最终的成功至关重要。

- 向你遇到的每一位员工介绍自己，记得面带微笑。
- 明确你的日程安排和全部的重要会议及日期，并把它们标在日历上。
- 明确上司对你的督导时间，并把它标在日历上。
- 了解他们希望你在何时何地休息，包括午餐。
- 问尽可能多的问题，要彻底，但不要过度。
- 对收到的重要信息做笔记，包括业务如何运作、目标、最后期限以及如何融入公司等。
- 放松并感激这个过程；你将在那里度过你生命中的一段美好时光，好好享受吧！

导师

在某些工作中，你可以要求有一个导师或榜样来帮你做岗位培训。导师是你可以向他／她咨询意见的人。你可以提出问题，也可以获得有关如何经营业务的关键信息；他们愿意与你一对一会面，帮助你在工作中成长和发展。雇主可能会根据你的时间表为你提供相应的指导时间。

如果你的公司不提供这项服务，你可以自己去找。在工作中找一个你可以信任的人，一个知道他自己在做什么的人——一个拥有你在工作中成功所需技能的人。问问他们是否可以每周见你一次，看看你的工作表现，并回答你可能提出的任何问题。问他们这周是否有时间回答其他问题，这样你就可以学习如何做好你的工作。

如果你的上司每周或每两周和你见一次面，你可能就不需要导师了，而且你的上司也可能不希望你向其他人寻求建议。确保在已征得你的上司同意后，在需要的情况下补充一个导师。不要引用你导师的话，也不要告诉你的上司他们的建议，因为如果你的上司认为你在听导师的而不是听他们的，这将会成为一个很麻烦的问题。

练习

指导目标表

列出在导师的帮助下你想实现的目标和获得的技能。在和导师第一次会面时列出的清单：

在工作中我想实现的目标是： _____

我需要具备的技能是： _____

我需要养成的习惯是： _____

我需要接受的培训是： _____

我需要的教育课程是： _____

我必须做出的改变是： _____

自我强化

不管你的工作是什么，总有那么几天的工作，或者每天工作的一部分，让人觉得很烦。你可能要接受一整天的培训。也许你不得不花几个小时，一个星期，甚至一个月的时间在一个你很不喜欢的项目上。或者是商店的库存盘点日，会让你觉得无聊和难以忍受。

在这些情况下，你可以通过奖励自己的辛勤工作来帮自己度过难关。例如，告诉自己，如果你整个上午都在努力工作，就可以在午餐时得到一杯热巧克力。计划你的一天，这样你就可以休息一下，做喜欢的事——散步、和朋友聊天、玩手机游戏——然后马上回去工作（只在雇主明确允许的情况下休息！）。最后，计划一些有趣的周末活动和跟朋友一起的晚间活动，这样就能在度过艰难的一天时有所期待了。

要避开的陷阱

尽管不同的职业领域都有各自的挑战，但在任何工作中都有些常见的陷阱要避开。

员工被解雇的十大原因

一些员工被解雇的常见原因包括：

- **糟糕的表现**：确保你知道你的工作要求，并尽最大的能力去实现它们。如果你发现自己在某个领域陷入困境，积极主动地向上司或导师征求建议。
- **把个人问题带到工作场所**：把你的个人问题放在一边。
- **撒谎**：从你开始填写工作申请表的那一刻起就要完全诚实。撒谎一时间看起来是一个很好的解决办法，但你的雇主最终会发现，你的问题会成倍增加。
- **错过工作、迟到或旷工**：雇主需要员工出勤来完成工作。如果你不出勤，你就没有朝着雇主的目标努力，你就会被解雇。
- **偷窃**：不要拿走任何东西，无论是笔、电脑还是别人的创意。
- **卷入办公室政治或流言**：不要消极地谈论你的同事或上司。当你在工作的时候，试着让对话富有成效，并尽你最大的努力与每个人和谐相处。如果你有困难，可以参考本书的"团队合作"章节来寻求帮助。
- **抱怨工作**：无论是在工作中、在家里，还是在社交媒体上，抱怨工作并不能解决任何问题，而且可能会被你的雇主发现。相反，应在工作中积极主动地解决你不喜欢的问题。
- **拒绝听从指示或命令**：同样，雇主需要员工朝着实现业务目标的方向努力，如果你不实现你的工作要求，你就待不长久。
- **未经授权使用互联网或电子邮件**：正如我们在"技术水平"一章中所讨论的，只把你的时间花在工作任务上，只访问适合工作用的网站。
- **酗酒或吸毒**：不要带着任何形式的醉意来上班。如果你无法控制自己的酒精摄入，那就去参加当地的戒酒协会或者咨询药物滥用顾问，你会为迈出了照顾好自己的第一步而感到自豪，也更有可能保住你的工作。

常见的坏习惯

当你的坏习惯给自己或他人带来麻烦时，雇主通常不会告诉你。相反，怨恨会累积，最终你可能会被解雇。定期要求你的雇主给你一个诚实的评估。

避免这些习惯：

- **糟糕的计划：**在上班时间保持忙碌。例如，不要在上班的第一个小时才开始计划当天应该做什么。相反，你应该在下班前计划好第二天的工作，并在生意清淡或你的主要工作已经完成时，列一个工作任务清单。
- **拖延：**最好马上把不愉快的事情解决掉。如果你等待，会给自己和同事带来不必要的压力。
- **迟到或准备不足：**在开会或面试前做好调查，准时参加所有约见、大小会议，带齐所有需要的材料，如文件、笔、纸或笔记本电脑。如果你迟到或没有准备好，可能会给一整天的日程安排带来问题，而那些准备好了并准时到达的人会觉得他们的时间被浪费了。
- **工作时间把个人生活放在首位：**每个人都会遇到突发事件。但不要每天早上都因为家里发生的事情而迟到。不要在自己的工作时间安排预约，比如例行的牙科检查。不要向同事过度分享个人信息。
- **回复邮件或电话太慢：**尽管你可能不想写邮件或查看语音信箱，但沟通在工作中是必不可少的。你的上司尤其需要对他／她的信息做出迅速的反馈。你的同事和客户很快就会对你的缓慢回复感到厌倦。
- **大声说话或发出令人讨厌的噪音：**让你和周围人的音量保持在同一水平上，注意不要通过敲笔或转椅子等方式发出噪音。记住，你周围的人都在工作，你可能会打扰到他们。
- **个人卫生差：**邋遢的外表会给同事和客户留下不好的印象，即便你是最适合这份工作的人。除了外表，你还应该吃好，多运动，这样你才会看起来更健康，更有活力。最后，用完厨房或洗手间后要洗手。
- **使用不当的幽默：**留意不要开可能会冒犯到同事的玩笑。如果你不确定，就保持积极的心态。
- **不关心你的工作：**不管你是在整理货架还是经营公司，都应对你所做的事充满热情，并尽最大努力。为了让业务蓬勃发展，每个人都要抱有现实且积极的态度。

故事

我们的一个学生莱尔在当地一家汽车零件店当学徒。他每天都有一定数量的任务要完成，一旦完成了，他就会坐下来盯着桌子，等待下一个任务的到来。理论上讲，他满足了所有的工作要求，但当老板看到其他人都在努力工作，莱尔却无所事事时，就开始生气了。最后，莱尔要求老板诚实地评估他的工作表现，老板告诉他，他必须在上班时间保持忙碌。他需要莱尔加入他的团队。他们一起列出了莱尔在完成主要任务后可以协助完成的次要任务清单。

调整态度

世界上有三种类型的员工：

- 必须被告知该做什么，然后不情愿地去做的员工；
- 必须被告知该做什么，然后去做的员工，因为他们知道这是正确的；
- 自我激励并去做的员工。

你是哪一种？

员工被解雇的最常见原因可能是他们的态度不好。雇主想要的是那些渴望学习、成长、顺其自然的员工。他们不想说服员工去做项目。你在任何工作中成功的机会都取决于你和你的上司，以及你和其他员工之间的关系。他们不用全都喜欢你，但他们确实要尊重你，把你看作一个值得信赖的团队成员。

工作能力是你在工作中需要的最重要的技能。它意味着要培养一种学习新技能、尝试新事物、与各种人合作的意愿和开放态度。这意味着你要放下自尊，为团队目标而努力。

故事

扰乱工作环境会让每个人都感到不安。我总是告诉我在 CIP 的员工把他们的个人问题放在一边。我希望我的团队和学生在工作的时候都全力以赴，而在工作以外的时间再处理自己的事。与此同时，如果一名员工在工作之外遇到了重大问题，我也会伸出援手，根据情况给予安慰或者帮助。

即使你在工作中遇到了一些问题，或在你的私人生活中有人对你不友善，你也不能把你的不幸倾诉给那些忙着完成工作的同事。有一次在工作时，我不得不挂起一个"禁止情绪化"的牌子，以阻止一小群员工继续影响大家的情绪。我也和每个人单独交谈，告诉他们我对他们的期望。

练习

态度量表

勾选符合你的情况，然后调整你的态度。

消极的态度

☐ 在工作中传播流言蜚语

☐ 是你的问题却责怪别人

☐ 在背后抱怨

☐ 忽略别人的需求

☐ 表现得好像你什么都知道

☐ 排斥接受反馈

☐ 承诺你无法兑现的事情

☐ 拖延要做的工作

积极的态度

☐ 自愿帮忙

☐ 准时到达

☐ 工作完成再下班

☐ 下班后自我提升

☐ 对他人友好

☐ 主动地解决问题

☐ 要求更多工作或培训

☐ 鼓励其他员工

☐ 愿意接受帮助

☐ 乐意接受新任务

☐ 说"谢谢"

☐ 自由分享你的想法

☐ 主动帮助别人

建立工作人际关系网

在某些时候，你可能想要升职，加薪，或一个更好的头衔，或者更多的责任；也许有一天你会想要经营公司，或者创办自己的公司；你可能需要自己的员工；或者你可能想自己当老板，只按自己的时间表为自己工作。在所有这些情况下，你都需要强大的商业联系和社交网络，才能去到你想去的地方。

对孤独症患者或有学习障碍的人来说，在工作中进行社交活动有时是困难的。它通常需要灵活性、自发性，并放弃一些个人时间。在 CIP，我们总是跟学生们提到"饮水机边的对话"。这意味着你可以在工作中交到朋友，即便你得在一开始聊一些你不感兴趣的话题，比如电视真人秀或天气。你的知识和才智很重要，但人们也希望与那些交谈起来舒服的人一起工作。他们想要了解彼此。闲聊可以有很好的效果，可以把它当做在建立你的人际关系支持系统。

扩展你的人际关系网有很多裨益。如果你的公司有一个职位正好空缺，你的人际关系会帮助你晋升。如果你的老板对某事很生气，你熟识的同事可能会提醒你。"饮水机"旁边是你结交朋友，甚至遇到配偶的地方。如果你去了另一家公司，或者自己创业，可以向以前的同事寻求建议。因为你的同事了解你，他们也会支持你。

故事

埃玛是一位当地的电工学徒。有时，她同办公室和隔壁办公室的人会一起出去吃午饭。他们经常邀请艾玛一起来，但她总是觉得很害羞。她喜欢每天中午准时吃饭，总是自己带午饭上班，也不想浪费。

艾玛的就业辅导员来看她的工作情况时留意到，当同事问艾玛是否想去百吉饼店吃午饭时，她拒绝了。就业辅导员告诉她，她午餐准备的汤第二天仍然会很好喝，比起她和同事在非正式午餐中建立的宝贵联系，稍微改变一下她的日程只是一个小小的代价。

从那以后，艾玛努力让自己的日程安排更自然、更灵活。这并不意味着她每天都要去吃午饭，但有时她会去，尤其是在特殊的时刻。最近，同事们带她出去庆祝她的生日。知道周围都是关心她的同事，这让她感觉很好。如果她不迈出第一步，这一切就不会发生。

社交时你可能会觉得害羞，你可能会担心自己犯错，或者说一些冒犯别人的话。如果你不确定，你可以这样说："我有没有冒犯到你？"如果你犯了错，只要道歉就好。勇敢地面对自己，人们就会理解你。你练习得越多，就会越放松，学到更多，你的人际关系支持系统就会越强。

结语

这本工作手册给了你一些关于如何积极主动地寻找就业机会，并在职场成功的"诀窍"——但这是一个持续的过程。找工作并不总是那么容易，但比保住工作容易多了。我们的目标是帮你应对求职或工作中出现的所有变化。当你能理解和培养本书中所描述的个人和工作习惯时，在事情发生改变时，你就能变得更加灵活，适应性更强——这意味着时刻都是这样！连NBA队员都会每周训练几次，他们在不断提高自己的技能，学习如何作为一个团队一起工作，并制定可行的策略。

但是，在工作之余一定要先照顾好自己，当进入工作场所时，你才能不受干扰地完成工作。作为一个被诊断出有学习障碍的人，我一生中的大部分时间都在学习如何更好地理解这些障碍，并自学应对这些障碍的策略。我学会了自己需要成为一个"自我改变的推动者"：采取行动来管理自己，应对压力，处理好自己的感受、情绪和社交问题。我还认识到，虽然没有人能替你经历这些，但是在家里、学校里、工作中，都会有很多人愿意帮助你。你必须愿意寻求帮助。没有这些，你成功的可能性会非常有限。

CIP的理念是，每个人都有其内在的价值，每个人的人生都是有意义的。通过这本书，我们希望你不仅能学到帮你求职和工作的技能，并且能认识你自己——了解你自己、你的兴趣、你的目标和你的梦想。我们希望这本书帮你追求一个不仅在经济上支持你，而且在精神上也能支持你的职业生涯。

> "你的生命是有限的，所以要智慧地支配它。完全融入自己的生活，走自己的路。不要让别人的僵化思维和教条压倒你的梦想。忠于你的愿景和真实的自己；其他一切都会来支持你。"
>
> ——萧迈克尔·麦克曼侬

关于大学实习项目
（CIP）

CIP 的使命是鼓励独立自主并帮助患有孤独症谱系障碍、注意缺陷多动症（ADHD）以及其他学习障碍的青年们提高基本生活和工作技能，以享受快乐而有意义的人生。

CIP 是全球旨在帮助有学习障碍的青年在大学、就业和独立生活方面获得成功的最为综合的项目之一。

- 成立于 1984 年，旨在帮助 18 ~ 26 岁有学习障碍的孩子成功地完成从少年到青年的过渡。
- CIP 项目针对的是提升社交思维、执行能力、感觉处理和健康领域的实际生活技能。
- 提供驻站生活支持，帮助学生们做好独立生活的准备。
- 每个学生都有一个工作团队专门致力于学生的个人成功，帮助他们探索个人愿景和目标。
- 项目已扩展到全国范围。

项目与服务

全年项目

CIP 的全年高等教育项目是为有学习障碍的青年提供个性化的大学学术、社交、职业和生活技能支持。www.cipworldwide.org

Mploy 项目

Mploy 项目是帮助 18 ~ 26 岁患有孤独症谱系障碍和学习障碍，有兴趣进入职场并成功走向独立生活的青年。www.mploy.org

Summer@CIP

在 CIP 的两周暑期项目中，在全美的大学校园体验独立并感受大学生活。www.cipsummer.com

参考文献

1. Poor Richard's Almanack, #651.
2. Letter to Robert Hooke, February 5, 1675, http://digitallibrary.hsp.org/index.php/Detail/Object/Show/object_id/9285
3. Speech, February 5, 2008, www.nytimes.com/2008/02/05/us/politics/05text-obama.html
4. "The Man in the Arena" Speech, April 23, 1910.
5. McManmon, M. (2012) Made for Good Purpose.London. Jessica Kingsley Publishers.
6. The Death of the Moth and Other Essays, 1974, San Diego, CA: Harcourt Brace Jovanovich, p.61.
7. The Doctor's Dilemma, 1909, www.gutenberg.org/files/5069/5069-h/5069-h.htm
8. https://hourofcode.com/us/promote/resources